国观智库·中国企业走出去系列丛书
GRANDVIEW INSTITUTION · CHINESE ENTERPRISES GOING ABROAD SERIES

任力波 / 主编

生力军的进击
中国民企在"一带一路"建设中的地位和作用

NEW FORCE
Chinese Private Enterprises in the "Belt and Road"

国观智库"一带一路"课题组 / 著

社会科学文献出版社
SOCIAL SCIENCES ACADEMIC PRESS (CHINA)

丛书编委会

主　　　编：任力波

编委会成员：秦玉才　郭　樑　王　儒　任力波　陈　亮

本 书 作 者：国观智库"一带一路"课题组成员
　　　　　　王亚宏　余　翔　王相怡

目录

序　言 / 001
概　述 / 001

第一部分　时代在呼唤："一带一路"建设同民营企业开展对外投资合作的联系 / 001
　　一　正确理解民营企业对外投资合作同"一带一路"建设的关系 / 002
　　二　民营企业在"一带一路"建设中发挥的独特作用 / 011

第二部分　铃声遥过碛："一带一路"建设为民营企业开展对外投资合作带来的机遇 / 018
　　一　"一带一路"建设为民营企业发展创造重要机遇 / 018
　　二　民营企业面对的"一带一路"海外投资环境 / 026

目录

　　　　三　民营企业开展投资合作的重点国家和重点产业 / 036

第三部分　丝路远且长：民营企业在"一带一路"沿线开展投资合作面临的挑战 / 047

　　　　一　民营企业在"一带一路"沿线开展投资合作面临的外部挑战 / 048

　　　　二　民营企业"走出去"需应对多重内部风险 / 057

第四部分　驮练到安西：对民企参与"一带一路"的建议 / 070

　　　　一　从执行层面做好民营企业"走出去"风险应对策略 / 070

　　　　二　统筹协调，发挥合力，推动民营企业在"一带一路"沿线更好地开展投资合作 / 084

第五部分　商旅不绝途：个案研究 / 091

　　　　个案研究一：海外长期发展谨记互利共赢
　　　　　　　　　——专访碧桂园 / 091

　　　　个案研究二：道路运输发展符合中国产业升级需求——专访国际道路运输联盟（IRU）/ 095

　　　　个案研究三：中国民企进非洲需厘清多样性
　　　　　　　　　——专访标银投资 / 099

　　　　个案研究四：国企与民企可形成互补
　　　　　　　　　——专访中冶国际 / 103

结　　语 / 106

序　　言

国企和央企是"一带一路"的主力军，民企是"一带一路"的生力军，随着"一带一路"实施进程的推进，民企的地位和作用会不断上升。

"一带一路"倡议长期的活跃度如何，在很大程度上取决于民企的作为。毕竟民企是"一带一路"天然的实施者，中国的"古丝路"也都是由民间力量推动从而联通东西方的。

"一带一路"倡议借用了古丝绸之路的历史符号，但是赋予了很多新的内涵，它既是维护开放型世界经济体系、推动全球经济复苏的中国方案，又是深化区域合作、加强文明互学互鉴的中国智慧。当然也体现了中国作为世界上第一大发展中国家以及第二大经济体在推动全球治理体系朝着更加公平、公正、合理的方向变革中的中国担当。

"一带一路"建设没有任何历史经验可以借鉴。在倡议推进中，有很多事情要在实干中学习、在实践中完善。"一带一路"建设遵循了政府推动、企业主导、商业运作的模式。推进"一带一路"倡议最重要的主体就是企业，企业开展好的项目、发挥好的效果，就能够产生最大的说服力。对于民营企业来说，要发挥自身的优势，积极驱动基础设施互联互通和国际产能合作这"两个轮子"，并进一步向前推进其他各个领域的全面合作。

民营企业在"走出去"中具有"船小好调头"的特点，可以形成抱团优势，加强与所在国企业的合作，同时加强与美国、欧洲等第三方合作。企业在参与"一带一路"建设中，要本着"三共"原则，即共商、共建、共享，与相关国家的发展规划、发展战略、长远考虑进行对接，开展更广领域、更宽范围、更高层次的各个方面的合作。对企业而言，参与"一带一路"建设不是扶贫，不是援外，确有自身的利益在里面，但企业的利益跟合作伙伴的利益捆在一起，是一荣俱荣、一损俱损的关系。

在执行层面，民营企业要对投资目的国的整体情况进行学习研究，要实现利益共享、风险共担，切忌妄自菲薄、急功近利以及贪大求快。针对这些企业在"走出去"过程中的"要"与"不要"的问题，《生力军的进击：中国民企在"一带一路"建设中的地位和作用》一书通过大量实地调研，做出了详尽的分析，对企业、政府、智库等从事这一领域工作的各方都有借鉴价值。其间，也非常感谢清华海峡研究院、国家发改委国合中心"一带一路"研究院相关领导及专家在调研和撰写过程中给予的支持与指导，使得本书的撰写更加顺利。

企业是"一带一路"建设的主体，各类企业已经在"一带一路"建设上发挥了非常大的作用。政府要为他们参与建设创造一个好的环境。在接下来的"一带一路"建设中，还需着重解决企业在相关项目上的竞争问题。推进"一带一路"建设，行业协会等机构应该发挥应有的作用。现在国内已经有一些企业通过建立联盟等相关的探索，来减少中资企业之间的无序竞争。接下来，需积极培育第三方力量，保障企业有序开展相关项目的建设。

需要强调的是，企业在追求自身利益的同时，应该更加注重履行社会责任。要认识到每个在海外的中国企业，代表的都是中国的形象。

国观智库创始人

任力波

概　述

2013年，习近平主席在访问哈萨克斯坦和印度尼西亚期间，首次提出共同建设"丝绸之路经济带"和"21世纪海上丝绸之路"的倡议。在2013年举行的中国共产党十八届三中全会上，"一带一路"倡议上升为国家战略并写入会议决定。在2014年12月举行的中央经济工作会议上，提出优化经济发展空间格局，重点实施"一带一路"建设、京津冀协同发展、长江经济带发展三大战略。2015年2月，中央成立推进"一带一路"建设工作领导小组。同年3月，国家发改委、外交部、商务部联合发布了《推动共建丝绸之路经济带和21世纪海上丝绸之路的愿景与行动》，提出了"一带一路"建设的顶层设计和战略规划。2016年，"一带一路"建设被列入"十三五"时期主要目标任务和重大举措。4年来，这一倡议从理念构想到战略规划，从顶层设计到行动措施，由点及面、逐步演进，目前已经进入全面实施阶段。

这一重大战略构想引起了全世界的高度关注和"一带一路"沿线超过60个国家（地区）的积极响应，获得高度共识。2013年9月以来，在中国国家领导人对外出访和接待外国领导人的多个场合中，推动共建"一带一路"均成为重要内容之一，并得到了相关国家和国际组织的热情回应。目前，已经有100多个国家（地区）和国际组织表达了对共建"一带一路"的支持及参与意愿。中国已经同60多个国家（地区）和国际组织签署了共建"一带一路"合作协议，联合国大会、联合国安理会等的重要决议也纳入"一带一路"

建设内容，以亚投行等为代表的国际金融合作不断深入，中蒙俄经济走廊规划纲要等多个规划对接文件签署，一批有影响力的标志性项目在多个国家逐步落地。2017年5月，"一带一路"国际合作高峰论坛在京成功举行，与会各方通过了联合公报，达成了涵盖政策沟通、设施联通、贸易畅通、资金融通、民心相通的五大类共76大项、270多项具体成果。"一带一路"建设进入了在更大范围、更深层次、更高水平上全面推进的新阶段。

当今世界正面临百年不遇的大发展大变革大调整，国际金融危机带来的深层次影响逐步显现，世界经济版图正处于深刻调整中，全球化面临前所未有的质疑和挑战。同时，中国经济发展进入新常态，需要更好地利用两个市场、两种资源，推动新一轮对外开放。正是在这样的背景下，中国统筹国内国外两个大局，顺应和平、发展、合作、共赢的时代潮流，提出了建设"一带一路"的倡议。推进"一带一路"建设，是主动提出开放合作、促进和平发展的"中国方案"，是新时期中国扩大对外开放的重大战略举措和经济外交的顶层设计，对于开创全方位对外开放新格局，促进全球和平合作和共同发展，同各国共同打造开放、包容、均衡、普惠的新型合作框架，实现"中国梦"与"世界梦"相互连通、携手打造人类命运共同体的美好愿景，具有重大而深远的意义。

改革开放以来，民营经济已成为社会主义市场经济的重要组成部分，也是"走出去"的生力军。民企在发现市场、融入市场和孵化市场方面具有独特优势，并在产业创新、模式创新、金融创新三方面"敢为天下先"。中国高度重视和支持民营企业在"走出去"中发挥重要作用，积极鼓励民营企业开展多种形式的对外投资合作。在社会主义市场经济中担当大任的民营企业参与"一带一路"建设，在相关国家开展投资合作，既是国家发展战略的需要，也是企业自身发展并实现转型升级的需要，对于民营企业来说蕴藏着巨大的机遇和发展潜力。

本书通过解读"一带一路"建设有关政策和措施，阐述了"一带一路"建设同民营企业开展对外投资合作的关系，从国别和行业的角度分析民营企业开展对外投资合作面临的机遇和挑战，并探讨民营企业参与"一带一路"建设的思路和途径。此外，本书还对"一带一路"相关国家的投资环境和产业环境进行分析，并通过剖析民营企业沿"一带一路"投资的个案，找出其在"走出去"过程中的难点和痛点，为企业在执行层面提出有针对性的建议。

第一部分　时代在呼唤："一带一路"建设同民营企业开展对外投资合作的联系

中国在推进"一带一路"建设过程中，同相关国家开展的经贸投资合作将发挥先导作用，成为扎实推进"一带一路"建设的"压舱石"和"推进器"，包括对外投资合作在内的"走出去"合作已成为"一带一路"建设的重要内容。

当前，民营企业已成为"走出去"的一支生力军。但对民营企业开展对外投资合作同"一带一路"建设的关系，相关的研究和分析还相对薄弱。一方面，不论是政府层面的政策设计及具体措施，还是学术界和媒体的关注度，均多集中在基础设施互联互通、重大合作规划和大型经贸合作项目上，对民营企业的关注度还不够；另一方面，民营企业对参与"一带一路"建设虽然积极性较高，但对相关理念和政策的理解仍需进一步深入，对于自身在"一带一路"建设中的定位还比较模糊，对如何发挥自身优势，通过市场化运作，在"一带一路"建设中发挥独特作用需要进一步厘清。

一 正确理解民营企业对外投资合作同"一带一路"建设的关系

（一）"一带一路"建设是中国对外投资由大转强的现实需要

1. 中国企业对外投资已进入高速发展时期

根据20世纪80年代邓宁提出的国际直接投资五阶段理论，人均GNP达到5000美元以上时，本国企业对外投资力度将进一步加强，处于该阶段的国家将是国际投资的主要供给者。从日本、韩国等周边工业化国家20世纪70年代后的发展经验来看，随着国内工业化逐步完成和国内市场的日趋饱和，加上国内劳动力等生产要素成本上升，企业均会加大对外投资的力度。比如，当人均GNP从2000美元到5000美元的区间进入5000美元到10000美元的区间后，从净人均对外直接投资金额来看，日本由23美元上升到31美元，韩国由0.4美元上升到19美元，中国台湾由-8美元激增到142美元①。

21世纪初以来，中国对外投资持续快速增长。根据商务部等《2015年度中国对外直接投资统计公报》，2002年到2015年，中国对外投资年均增速高达35.9%，连续13年保持快速增长，并于2014年首次成为资本净输出国。2015年中国对外直接投资实现历史性突破，对外直接投资流量达到1456.7亿美元（见图1-1），占全球比重接近10%，首次超过传统对外投资大国日本，列全球第2位。"十二五"期间，中国对外直接投资流量累计达5390.9亿美元，年均增速18.2%，是"十一五"期间的2.4倍。截至"十二五"期末，中国对外投资存量已突破万亿美元大关，达10978.6亿美元，排世界第8位，是"十一五"期末的3.46倍②。

---

① 赵海波：《东亚地区国际投资态势的实证分析》，《世界经济研究》2006年第4期。
② 商务部：《中国对外投资合作发展报告（2016）》，http://fec.mofcom.gov.cn/article/tzhzcj/tzhz/upload/zgdwtzhzfzbg2016.pdf。

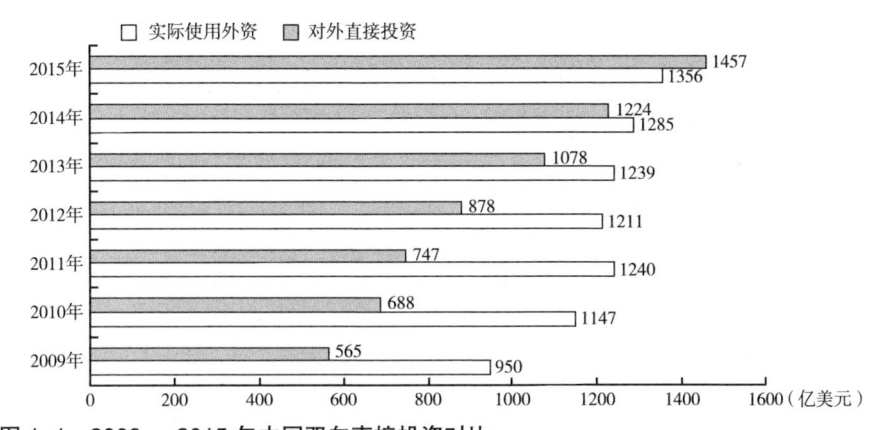

图 1-1　2009～2015 年中国双向直接投资对比

数据来源：商务部，国家统计局，国家外汇管理局：《2015 年度中国对外直接投资统计公报》。

中国人均 GDP 在 2015 年已超过 8000 美元，理论上将进入直接投资的流出大于流入的阶段。未来一段时期，中国对外投资将处于高速发展时期，跻身对外投资大国行列。从宏观经济看，中国综合国力不断增强，外汇储备超过 3 万亿美元，经济进入中高速增长的新常态，结构性改革不断深入，经济发展效益和质量不断提高，发展前景长期向好，对外投资的基础日益牢固、实力日益增强，企业"走出去"的内生动力不断增强。从产业基础看，中国制造业规模高居全球首位，公路、桥梁等基础设施建设能力位居世界第一，在轻工、船舶、化工、冶金、家电和电子信息等行业具有较强的国际竞争力，在全球电子商务和服务外包等市场中已占有一席之地。从投资主体看，以中石油、中远等为代表的国有企业国际化经营能力不断增强，同时还涌现了华为、中兴、吉利、阿里巴巴等一批具有国际竞争力的民营企业，中国企业在全球价值链中的位置不断优化，构建全球市场和营销网络的动力不断增强，各类投资主体"走出去"的潜能还将进一步释放。

2. 中国是投资大国但还不是投资强国

同时应该看到，从发展水平看，中国对外投资仍处于初始发展、大而不强的阶段，同投资强国（见图 1-2）相比，在各个方面都存在较大差距。

1	投资规模位居世界前五
2	开展对外投资的主体多数是拥有自主专利、自主技术和自有知名品牌的跨国公司
3	拥有由本国企业主导构建的全球价值链和跨境产业链
4	境外投资企业的生存年限比较长且经济效益比较高
5	人均对外投资额达到世界平均水平以上（如2015年世界人均对外直接投资额为236美元，中国仅为97美元）
6	对国际投资规则制定拥有一定的话语权

图 1-2 投资强国的六个标志

资料来源：笔者整理自对外经贸大学国际经贸学院教授、外国直接投资研究中心主任卢进勇 2016 年 4 月 7 日接受《经济参考报》采访时的谈话，http://jjckb.xinhuanet.com/2016-04/07/c_135256706.htm。

中国企业"走出去"起步较晚，海外投资存量较少。目前中国对外直接投资存量刚刚超过 1 万亿美元，仅为美国的 18% 和日本的 89%；占全球比重仅为 4.4%，远低于中国 GDP 占全球比重 15.5% 的水平[1]。此外，中国对外直接投资主要流向发展中经济体，在市场成熟、风险较低但竞争激烈、对企业要求较高的发达经济体中，投资虽然增长迅速，但比重仍较低。2015 年，中国对发展中经济体投资流量达到 1032.3 亿美元，同比上升 53.8%，占中国对外投资比重为 70.9%；同期，流向发达经济体的对外投资流量为 365.7 亿美元，同比下降 20.5%，占比为 25.1%[2]。

从投资主体看，近年来虽然中国企业对外投资步伐加快，但同全球著名跨国公司相比还有很大差距。根据联合国贸发会议数据，2015 年财年世界前 100 位非金融跨国企业的海外资产总规模为 8 万亿美元，海外资产平均值为 797 亿美元。而入选发展中经济体和转型经济体前 100 位非金融类跨国企业的

---

[1] 商务部、国家统计局、国家外汇管理局：《2015 年度中国对外直接投资统计公报》，http://fec.mofcom.gov.cn/article/tjsj/tjgb/201609/20160901399223.shtml。

[2] 商务部：《中国对外投资合作发展报告（2016）》，http://fec.mofcom.gov.cn/article/tzhzcj/tzhz/upload/zgdwtzhzfzbg2016.pdf。

16家中国企业，其海外资产合计为3264亿美元，海外资产平均值为204亿美元，仅占世界前100位非金融跨国企业平均值的25.6%[①]。

此外，中国企业对外投资整体还处于全球价值链的中低端，尚未建立起由中国主导的跨境产业链，对国际投资规则制定的影响力和话语权还很弱。

3. "一带一路"建设将推动中国从投资大国转向投资强国

"一带一路"建设是推动中国从投资大国转向投资强国、开创全方位对外开放新格局的重大战略决策。这一战略有利于促进中国同周边国家的互联互通，参与相关国家的基础设施建设和工业化进程，推动中国优势产业"走出去"和实现国际产能合作，帮助中国企业合理配置资源，实现全球投资合理布局。

"一带一路"相关国家国情各异、禀赋不同，在这些国家开展投资合作有利于加强中国企业的国际化水平和风险防控能力，构建由中国企业主导或参与的区域产业链。此外，实施"一带一路"建设有利于推动对外投资管理体制改革，充分发挥市场在资源配置中的决定性作用，实现市场化运作与政府管理服务相结合，调动各类投资主体的积极性，加强同国外先进投资管理制度的接轨，真正实现对外投资的自由化和便利化。

"一带一路"建设是中国对世界经济发展提出的"中国方案"，在通过与其他国家开展互利共赢合作，让其他国家分享中国经济发展的经验和成果的同时，也有利于推动中国的技术、标准、管理和制度"走出去"，在跨国产业链体系中发挥引领作用，增强中国在国际投资规则制定中的影响力和话语权。

（二）民营企业开展对外投资合作需要"一带一路"作为指引

1. "一带一路"建设是新时期中国对外开放的顶层设计

改革开放30多年来，中国立足基本国情、结合国际经济发展大势，与时俱进，实施了进口替代战略、出口导向战略、利用外资战略、"走出去"战略、自由贸易区战略等一系列对外开放战略。在这些战略的指引下，中国企

---

① UNCTAD, www.worldinvestmentreport.org/annex-tables/.

业特别是民营企业竞争力不断增强,"走出去"步伐持续加快,国际化程度稳步提高。中国民营企业的成功,不仅是企业自身努力的个体行为,更是中国对外开放战略的成功,是中国深度参与全球化的必然结果,是中国产业发展的必然选择。

当今全球经济竞争不仅仅是企业间的竞争,更是企业背后的国家综合实力和发展战略的竞争。"一带一路"建设是中国深刻认识本国开放型经济面临的形势变化和机遇挑战,把握经济全球化的新动向和新路径,以全球视野对中国新一轮对外开放进行的战略构想,是推动中国区域经济合作向更大范围、更宽领域、更高水平拓展的战略布局,是新时期中国对外开放的顶层设计。这一战略不仅赋予了中国新一轮对外开放以新的内容,也为中国沿海、内陆、沿边地区新一轮对外开放指明了方向和路径。

民营企业在"走出去"的过程中,自身的国际化策略如能顺应国家的对外开放、经贸合作的重大战略,不但能减少企业自身策略选择失误的风险,更能借助国家和政府的力量为自身开拓海外市场创造更好的环境。此外,中国还处于对外投资的初始发展阶段,企业特别是民营企业跨国经营水平还比较低,民营企业如能顺应国家重大战略,顺势而为,有助于其避免单打独斗,发挥自身优势,实现对外投资的"弯道超车"。

"一带一路"建设已成为新的历史条件下,统筹中国出口和进口、"引进来"和"走出去"、全球经济合作和区域经济合作的最具指导意义的国家开放战略。这一战略的指导意义不仅仅局限于中国周边和相关国家,也不仅仅局限于建几个港口、修几条铁路、搞几个项目等具体、微观的设计,其更是引领中国新时期对外开放的重要战略纲领,对中国企业特别是民营企业开拓海外市场、加强自身建设具有很强的指导意义。民营企业在"走出去"开展对外经贸合作过程中,不应将"一带一路"理念狭隘地理解为仅针对相关国家、只是国有企业参与,而应将其作为自身开拓海外市场的指导思想和根本原则。

2. "一带一路"建设是促进全球发展合作的"中国方案"

中国已经成为全球第二大经济体、第一大货物贸易国、第三大服务贸易国和第二大对外投资国。中国发展到这一阶段，有需要也有必要提出对外合作的理念和方案，从而指引中国企业"走出去"，深度参与全球化进程。

"一带一路"秉承和平合作、开放包容、互学互鉴、互利共赢的古丝路精神，旨在促进经济要素有序自由流动、资源高效配置和市场深度融合，共同打造开放、包容、均衡、普惠的区域经济合作新构架，是中国向全世界提供的公共产品。习近平主席指出，"一带一路"建设不是封闭的，而是开放包容的；不是中国一家的独奏，而是相关国家的合唱。这一倡议强调求同存异、兼容并蓄、和平共处、共生共容，尊重各国的发展道路和模式选择，加强不同文明之间的对话，致力于同相关国家构建广泛的利益共同体，共同打造全球经济治理新体系，这是促进全球发展合作的"中国方案"。

当今世界，各国都有求和平、谋发展、促合作的共同期盼，中国企业"走出去"，不能像历史上的西方国家那样，通过侵略、掠夺和垄断，将亚非拉国家当作廉价的原料产地和倾销市场，实现自身的全球布局。中国商业文化的传统强调"和气生财"，中国民营企业要成功"走出去"，应该秉承"一带一路"倡议的互利共赢精神，坚持正确的义利观，以义为先，弘义融利，才能获得东道国政府和民众的接受与认同，实现"走出去"，也能留下来、融进去，成长为真正的国际型企业。

3. "一带一路"建设需要民营企业的参与

改革开放以后，中国民营经济取得了长足发展，在国民经济中所占比重逐步提升。与此相应，在中国企业"走出去"过程中，民营企业对外投资群体也在不断发展壮大，表现日渐活跃。

截至 2015 年末中国对外直接投资企业超过两万家，投资企业类型日益多元化，其中非国有企业（包括有限责任公司、私营企业、股份有限公司、外商投资企业、港澳台投资企业、个体经营和集体企业）占比达到 94.2%，而国有企业仅占 5.8%[①]（见图 1-3）。在民营经济较为发达的沿海地区，民营企

---

① 商务部:《中国对外投资合作发展报告（2016）》，http://fec.mofcom.gov.cn/article/tzhzcj/tzhz/upload/zgdwtzhzfzbg2016.pdf。

业已成为"走出去"的主要力量。根据2014年全国工商联对上规模①民营企业的调查，上海民营企业对外投资项目占该市对外投资项目总数的70%，天津民营企业占比86%，浙江民营企业占比高达90%。从对外投资金额来看，中国企业对外投资逐渐从国有企业"一家独大"发展为国有和非国有企业"比翼双飞"。

根据商务部的统计，国有企业占中国对外投资存量的比重从2006年的81%逐步缩小到2015年的50.4%，而非国有企业所占比重从2006年的19%上升到2015年的49.6%，已占"半壁江山"，年均增长27%②（见图1-4）。根据这一趋势，非国有企业对外投资存量很快将会超过国有企业的存量。

此外，中国民营企业不再局限于小打小闹的个体户、"背包客"，一批资产规模大、管理能力强、国际化程度高、具备全球竞争力的民营企业逐步涌

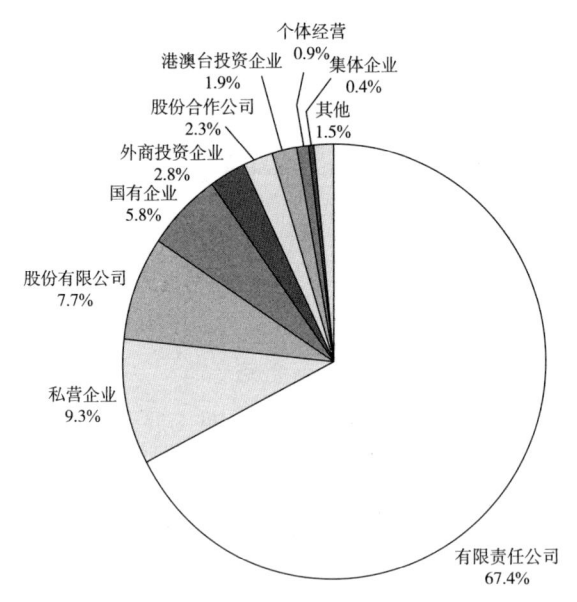

图1-3　2015年中国对外直接投资企业类型构成

数据来源：商务部，国家统计局，国家外汇管理局：《2015年度中国对外直接投资统计公报》。

---

① 调研名称使用了"上规模"这一说法，实际指2014年度营业收入总额在5亿元人民币（含）以上的私营企业、非公有制经济成分控股的有限责任公司和股份有限公司。

② 商务部，国家统计局，国家外汇管理局：《2015年度中国对外直接投资统计公报》，http://fec.mofcom.gov.cn/article/tjsj/tjgb/201609/20160901399223.shtml。

| | 国有企业占比 | 非国有企业占比 |

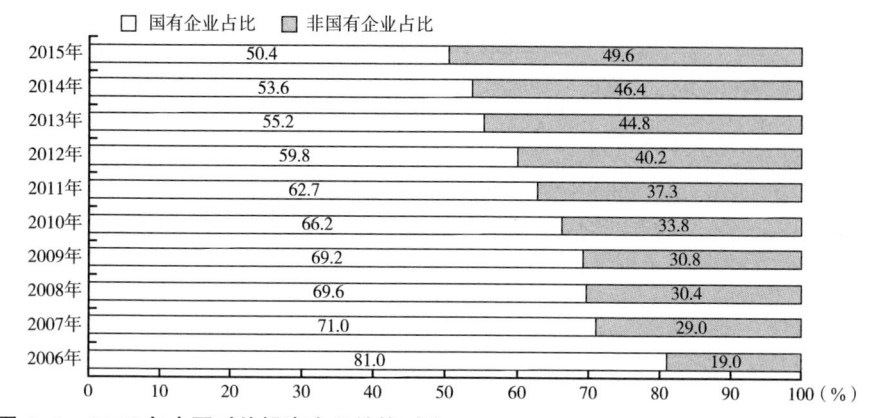

年份	国有企业占比	非国有企业占比
2015年	50.4	49.6
2014年	53.6	46.4
2013年	55.2	44.8
2012年	59.8	40.2
2011年	62.7	37.3
2010年	66.2	33.8
2009年	69.2	30.8
2008年	69.6	30.4
2007年	71.0	29.0
2006年	81.0	19.0

图1-4　2015年中国对外投资企业结构对比

数据来源：商务部，国家统计局，国家外汇管理局：《2015年度中国对外直接投资统计公报》。

现，成为中国企业"走出去"的排头兵。根据联合国贸发会议发布的《2015年世界投资报告》，2014年发展中经济体和转型经济体中，资产规模排名前100位的非金融类跨国公司中，中国内地企业有16家，其中有5家民营企业。而这16家企业中，联想控股、腾讯控股、大连万达、联想集团4家民营企业的跨国指数高于50，远远高于中远、中铁、中石油等"国家队"[①]（见表1-1）。

表1-1　入选2014年发展中经济体和转型经济体前100位非金融类跨国公司的中国内地企业跨国指数

序号	跨国指数排名	公司名称	跨国指数（%）
1	41	联想控股股份有限公司	59.1
2	43	腾讯控股有限公司	58.5
3	46	大连万达商业地产有限公司	56
4	51	联想集团有限公司	51.1
5	54	中国远洋运输（集团）总公司	49.8
6	67	中国铁道建筑总公司	42.4
7	69	中国中化集团公司	39.9
8	70	中国电子信息产业集团有限公司	39.8

① UNCTAD, www.worldinvestmentreport.org/annex-tables/.

续表

序号	跨国指数排名	公司名称	跨国指数（%）
9	86	中国海洋石油总公司	24.8
10	91	中国五矿集团	20.9
11	93	复星国际有限公司	19
12	94	中国石油化工集团公司	12.9
13	95	中粮集团有限公司	12.7
14	96	中国建筑工程总公司	12.1
15	99	中国移动有限公司	3.3
16	100	中国石油天然气集团公司	2.7

注：中国内地企业跨国指数均值为31.6%，前100位企业跨国指数均值为53.4%。
数据来源：联合国贸发会议（UNCTAD）网站。

近年来，民营经济已经成为中国经济和社会发展的重要力量，并在对外经贸合作中扮演日益重要的角色（见图1-5）。"一带一路"作为当前中国对外开放和经济外交的顶层设计，需要民营企业的积极参与并发挥重要作用。"一带一路"建设的一个鲜明特点就是包容性，形式上鼓励多样性，主体上欢迎多元性，致力于创建一个多主体、全方位、跨领域的互利合作新平台。"一带一路"建设鼓励国有企业和民营企业在遵循国际经贸规则的条件下，各展其长，实现"混搭"优势。

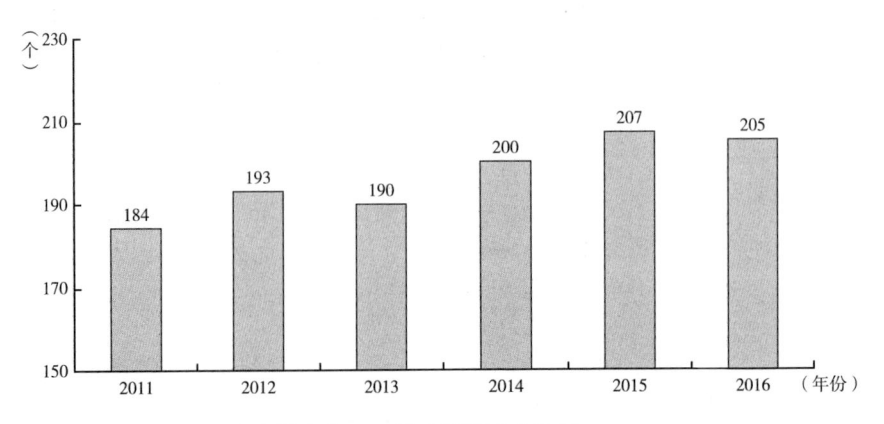

图1-5　2011~2016年中国企业500强中民营企业数量
数据来源：全国工商联、中国民生银行研究院。

如果说国有企业是中国对外投资的"主力军",那么民营企业就是"生力军"。国有企业可以在高铁、核电等政府间重大基础设施合作项目上成为"领头羊",民营企业则可以在境外产业园区建设以及纺织、通信等市场化程度较高的领域担当"领军人"。即便是以"国家队"为龙头的重大项目,其配套及相关产业链也可以邀请民营企业参与,实现优势互补、市场化经营。此外,在农业、文化、创新与人员交流等方面,民企可以发挥自身优势,扮演更为积极的角色。

二 民营企业在"一带一路"建设中发挥的独特作用

(一)"走出去"的民营企业是丝路精神的重要载体

"一带一路"建设并非重建古代贸易通道,而是通过"丝绸之路"这个文化符号向世界传递"和平合作、开放包容、互学互鉴、互利共赢"的发展理念,提出共同构建人类命运共同体的远大目标。

回顾古丝路发展历史,首先是商贸之路。历史上的丝路不是人为划定的,也没有固定路线,一批批满载货物的驼队、商船构成了古丝路的主要载体,商业利润驱动下的民间商贸活动始终是丝路形成和发展的最大动力。如果没有商队作为根基,无法实现商品的自由流动,丝路便失去了传统的意义与价值。商道的互联互通、繁荣兴旺推动古丝路成为经济开放之路、文明融汇之路。古丝路最繁荣的时期是在中国最开放、民间商业最发达的汉唐与宋元,中国商人的足迹踏遍亚欧大陆。古丝路横跨数十国,借助商贸往来,与印度、波斯等文明实现交流,佛教、道教等宗教以及造纸、印刷等技术得以传播,有力地推动了不同民族和文化的交流融合。发展经贸、追求效益始终是丝路繁荣的核心,是文明与文化交流的桥梁,是和平合作的保障。

今天,"走出去"的中国民营企业继承了互通有无、互学互鉴、勇于开拓的古丝路精神,在相关国家树立了进取、务实、合作和开放的中国企业形象,推动了中国同各国的商贸和文化交流,成为承载和宣扬丝路精神的重要力量。

在南亚、中亚和中东欧等很多国家,不论外部条件如何恶劣,不论距离多么遥远或经济多么欠发达,只要有市场需求,就能看到中国民营企业筚路蓝缕、寻找商机的身影,这成为中国推动经济全球化、支持贸易投资便利化最有力的证明。

绝大多数中国企业深耕东道国市场,推进本土化经营,在一定程度上带动了当地的工业化和现代化,为当地的税收、就业和社会发展做出了重要贡献,用实际行动体现了中国追求的互利共赢、包容发展的理念。很多国家的民众,通过中国企业以及他们带来的商品、服务开始了解中国,逐步接触中国的文化,并成为推动同中国合作的积极力量。在国外的绝大部分中国民营企业,都能遵循"和气生财"的经商传统,深耕当地市场,尊重合作伙伴和客户,在外国人心目中树立了中国人和平、勤劳、聪明的印象,展现了现代中国自信、开放、包容的形象。

因此,在"一带一路"建设中,如果中国要大力宣扬丝路精神,寻求相关国家和民众的理解与支持,就要充分发挥中国民营企业这一重要载体的作用,使中国民营企业成为当地人认识和了解中国的窗口,使民营企业成为推动民心相通和文化交流的桥梁,使民营企业成为拓宽利益交汇面、构筑命运共同体的纽带。

(二)"走出去"的民营企业有利于发挥市场在"一带一路"经贸合作中的基础性作用

历史上,丝路首先是商道。因为有了市场需求,才会有商流和人流。符合经济发展的规律,古丝路才会繁荣发展。在同相关国家开展"一带一路"经贸合作中,必须坚持市场在资源配置中的决定性作用,注重经济效益,充分发挥企业的主体作用,将中国企业的资金、技术和优势产能与沿线各国经济发展的现实需求相衔接,充分挖掘互补优势和利益交汇点,寻求共赢发展的最大公约数。

梳理"一带一路"建设逐步完善的过程,可以清晰地看到,中国对民营企业扮演的角色有着一以贯之的思路,即推进"一带一路"建设,政府和市场要有机结合、协调发力；要坚持以市场化运作为主，尊重市场规律，突出企业主体地位，充分发挥市场在资源配置中的决定性作用（见表1-2）。

表1-2 关于在"一带一路"建设中发挥市场作用和突出企业主体地位的有关表述

时间	场合	有关表述	解读
2013年	中国共产党十八届三中全会上，"一带一路"写入《中央关于全面深化改革若干重大问题的决定》（第七部分"构建开放型经济新体制"中），并上升为国家战略	第七部分引言提出，"适应经济全球化新形势，必须推动对内对外开放相互促进、'引进来'和'走出去'更好结合，促进国际国内要素有序自由流动、资源高效配置、市场深度融合，加快培育参与和引领国际经济合作竞争新优势，以开放促改革"	强调"一带一路"建设是建立在市场主导的基础上，要充分发挥市场在资源配置中的决定性作用
2014年	中共中央召开中央财经领导小组第八次会议，研究丝绸之路经济带和21世纪海上丝绸之路规划、发起建立亚洲基础设施投资银行和设立丝路基金	习近平总书记在讲话中提出，"一带一路"建设要正确处理政府和市场的关系，发挥市场机制作用，鼓励国有企业、民营企业等各类企业参与，同时发挥好政府作用	阐明了"一带一路"建设中市场和政府的关系，正式提出鼓励民营企业参与
2015年	国家发改委、外交部、商务部3月28日联合发布了《推动共建丝绸之路经济带和21世纪海上丝绸之路的愿景与行动》	在共建原则部分提出，"遵循市场规律和国际通行规则，充分发挥市场在资源配置中的决定性作用和各类企业的主体作用，同时发挥好政府的作用"	延续了党的十八届三中全会和中央财经领导小组的思路，系统阐明了"一带一路"建设中市场的决定性作用和各类型企业的主体地位
2016年	习近平主席看望出席全国政协十二届四次会议的民建、工商联界委员并参加联组讨论	习主席在讲话中表示，实施"一带一路"建设、京津冀协同发展、长江经济带发展三大战略，带来了许多难得的重大机遇，民营企业完全可以深度参与其中，推动装备、技术、标准、服务的联合重组，实现产业优化升级	强调了民营企业深度参与"一带一路"建设的重要性，指出了民营企业重点参与的领域
2016年	习近平主席在乌兹别克斯坦最高会议立法院发表题为《携手共创丝绸之路新辉煌》的重要演讲，全面阐述了"一带一路"倡议	演讲详细介绍了中国企业在相关国家投资和创造就业的成绩，并明确提出打造"一带一路"多元合作平台，"推动各国政府、企业、社会机构、民间团体开展形式多样的互利合作，增强企业自主参与意愿，吸收社会资本参与合作项目，共同打造'一带一路'相关国家多主体、全方位、跨领域的互利合作新平台"	肯定了各类型企业在"一带一路"建设中的主体地位和重要作用，提出欢迎社会资本参与，突出了"一带一路"建设多元化的特点

续表

时间	场合	有关表述	解读
2016年	习近平总书记在中共中央政治局第三十一次集体学习时的讲话	讲话指出，推进"一带一路"建设，既要发挥政府把握方向、统筹协调作用，又要发挥市场作用。政府要在宣传推介、加强协调、建立机制等方面发挥主导性作用，同时要注意构建以市场为基础、以企业为主体的区域经济合作机制，广泛调动各类企业参与，引导更多社会力量投入"一带一路"建设，努力形成政府、市场、社会有机结合的合作模式，形成政府主导、企业参与、民间促进的立体格局	全面阐述了在"一带一路"建设中政府、市场、企业三者的关系
2017年	习近平主席在"一带一路"国际合作高峰论坛开幕式上发表主旨演讲	演讲提出，要将"一带一路"建成开放之路……推动构建公正、合理、透明的国际经贸投资规则体系，促进生产要素有序流动、资源高效配置、市场深度融合	开放作为"一带一路"建设的目标之一，公正、合理、透明是市场经济的鲜明特征，促进生产要素流动、资源高效配置是市场经济所能发挥的重要作用

民营经济具有产权明晰、机制灵活、市场敏锐、高效运作的特点，有利于发挥市场在资源配置中的主导作用。民营企业开展对外投资，总体上是在市场驱动下，从经济效益出发，尽量避免向政府"等、靠、要"，避免让政府背上不必要的经济包袱。民营企业高度重视市场主体间的平等竞争，对构建更为完善的法治化、国际化、便利化的营商环境有着强烈需求，支持对外经济体制进一步便利化和自由化。因此，在"一带一路"经贸合作中，民营企业对市场经济的偏好有利于在"一带一路"建设中坚持市场规律、发挥市场的基础性作用，有利于推动包括民营企业在内的多元化市场主体的参与，有利于为各类市场主体创造平等的竞争环境。而建立在市场规律之上的互利合作，才能为"一带一路"建设带来广泛坚实的基础和源源不断的发展动力，推动"一带一路"健康建设和可持续发展。

此外，由于各方面的复杂因素，部分国家对"一带一路"倡议存在误解或曲解，对参与"一带一路"心存疑虑。部分反华势力甚至炒作这是中国的"马歇尔计划"，是中国政府在推动经济势力扩张。民营企业参与"一带一路"建设，有利于淡化有关合作的政府色彩，突出"一带一路"建设各方平等参与、开放包容、互利共赢的理念，提升相关国家参与"一带一路"建设的信心和积极性。

（三）"走出去"的民营企业有利于提升国家软实力，推动民心相通

当前，以民营企业为主体的非国有企业已成为"走出去"的主力。根据统计，2015年末，中国对外直接投资者达到2.02万家，其中非国有企业占总数的94.2%。民营企业已成为境外代表中国的重要群体，成为展示国家形象的重要载体，也成为各国民众了解中国的重要窗口。

中国民营企业通过在当地的经营行为，为东道国的税收、就业和经济社会发展做出了贡献，阐述了中国对外投资秉承的务实合作和互利互惠的原则，起到了同东道国和民众增信释疑、扩大交流的目的。在亚非拉的中国工程承包企业，多次在时间紧、任务重、要求高的情况下，按期保质完成了欧美企业望而却步的重大工程项目，树立了中国企业在基础设施建设领域的良好声誉，赢得了东道国和民众的肯定。此外，中国境外民营企业正逐步加快"国际化"步伐，积极开展属地化经营，推进经营思维、管理模式、人才聘用等本地化，不但为东道国创造了就业和税收，还通过当地采购、与当地企业合作等做法，造福当地民众。中国民营企业为东道国所做的贡献，有力地阐述了共建"利益共同体"和"命运共同体"的合作共赢理念，提升了国家的软实力，为推动相关国家共同参与"一带一路"建设发挥了重要作用。

数据

★ 2015年，中国境外企业向投资所在国缴纳的各种税金总额达311.9亿美元，较上年增加62.9%，雇用外方员工122.5万人，较上年末增加39.2万

人。其中，民营企业所做贡献占有较大比重，在部分地区，中国民营企业已经成为当地税收和就业的重要来源①。

案例

★ 2017，中国天辰工程公司承建的土耳其盐湖天然气地下储库项目成功交付注气，土总统埃尔多安出席了注气仪式。该项目作为土战略性民生项目，实施难度大、技术标准高，天辰公司在同德国、俄罗斯、乌克兰等多国企业的竞争中胜出，并克服困难提前建成，凭借"中国技术"和"中国速度"赢得了土方高度评价。

此外，大部分民营企业在海外经营中能坚持正确义利观，积极履行社会责任，主动融入当地社会，在打造企业品牌的同时，也树立了中国的良好形象。越来越多的境外企业意识到履行社会责任对提升企业竞争力和发展能力的积极作用，在劳工、环保、生态方面注重合规合法经营，积极参与当地赈灾、教育、卫生等公益事业。同时，主动融入当地社区，日常经营和项目建设前注重同当地民众的沟通，充分咨询社会各界意见，尊重当地宗教和风俗习惯。此外，很多民营企业扎根当地市场，通过委托公关公司、邀请媒体、赞助文化活动等方式主动宣介企业和品牌，同时积极推动企业内和社区开展中外文化交流，增进同当地民众的相互信任和了解。

数据

★《中国企业海外可持续发展报告2015》对250家拥有海外业务的中国企业（其中63%为民营企业）进行了问卷调查，结果显示：76%的企业对海外

---

① 联合国开发计划署驻华代表处，商务部国际贸易经济合作研究院，国务院国有资产监督管理委员会研究中心：《中国企业海外可持续发展报告2015》，http://www.cn.undp.org/content/china/zh/home/library/south-south-cooperation/2015-report-on-the-sustainable-development-of-chinese-enterprise/。

项目开展了第三方环境影响评估，79%的企业制定并落实了能耗管理和节能措施，76%的企业制定并落实了废物处理管理措施。

案例

★ 2010年，华为成立可持续发展委员会，以加强企业的社会责任感。截至2015年，华为已在23个国家建立手机回收体系，单位销售收入能耗下降14%，98%的生产废物实现回收利用，在85个国家任命了合规官员，全球员工保障投入超过14亿美元，在英国、德国、印度等多个国家获得社会责任领域的表彰和嘉奖①。

"一带一路"建设提出了"五通"（政策沟通、设施联通、贸易畅通、资金融通、民心相通）的目标，其中难度最大但影响最深远的就是"民心相通"。中国在"一带一路"建设中要实现"民心相通"，提升国家软实力，需要充分发挥数量庞大的境外民营企业的重要作用，推动其在树立国家形象、开展公共外交、促进人文交流方面发挥更为重要的作用，使之成为公共外交的参与者和中外交流的友好使者，通过企业间互利合作加强人民间的互学互鉴、相互交流，在相关国家传播中华文化，讲好中国故事，推动同相关国家的文化交融，巩固"一带一路"建设的民意基础。

---

① 《华为2015年可持续发展报告》，http://www.huawei.com/cn/sustainability/sustainability-report。

第二部分　铃声遥过碛："一带一路"建设为民营企业开展对外投资合作带来的机遇

30多年前，改革开放为中国民营企业的崛起创造了时代契机。如今发展壮大的民营企业已成为中国对外开放、参与国际竞争、展现中国形象的重要力量。"一带一路"建设作为新时期中国对外开放的顶层设计和促进全球化的"中国方案"，必将为民营企业开展对外投资合作带来新的机遇。

民营企业是"走出去"的生力军，通过发挥自身优势，在"一带一路"相关国家的项目中开展合作，为推进中国"一带一路"建设起到了极其重要的作用。然而，许多民营企业对沿线国家开展投资合作的了解还不够深入，存在一定的盲目性。为把握投资机遇，降低投资风险，民营企业应认清海外投资环境，从中找准适合自身的产业领域。

一　"一带一路"建设为民营企业发展创造重要机遇

回顾中国民营企业的发展历程，其壮大离不开两个因素：一是改革开放带来的内生动力；二是中国深度参与经济全球化带来的外在推动。新时期，中国面对新的国际国内形势提出"一带一路"倡议，不但是中国主动推动进一步对外开放的新举措,为全面深化改革和可持续发展创造前提条件,同时也是高举全球化大旗,推动世界各国合作发展的"中国方案"。这一倡议的提出,必将为民营企业的发展带来新的机遇,推动民营企业对外投资合作迈上新的台阶。

（一）为民营企业在相关国家开展经贸合作提供强有力的引领和带动作用

受国内产业结构调整和生产要素成本上升等因素影响,近年来中国企业特别是民营企业加快了国际化经营的步伐。同时,金融危机后,全球经济陷入"新平庸"阶段,发达国家市场趋于饱和,跨境贸易投资低迷,保护主义倾向增强,迫切需要新的驱动力和发展活力。面对新的国内外形势,民营企业对于如何"走出去",向哪里开展投资合作普遍存在迷茫和盲动。

中国适时提出"一带一路"倡议,为企业"走出去"勾画出一个连接亚太和欧洲两大经济圈的巨大市场。"一带一路"相关国家普遍处于经济发展的上升期,具有开展互利合作的广阔前景。近年来,在全球贸易持续低迷的背景下,中国同"一带一路"相关国家经贸合作逆势发展,展现了双边经贸合作巨大的互补性和发展潜力,在中国对外经贸合作中占据日益重要的地位。1995年到2016年,中国同相关国家的贸易总额从384.3亿美元增长到9782.8亿美元,占中国外贸总额的比重从13.7%增长到26.6%,20年间的占比几乎翻了一番[1]。此外,2016年,中国在相关国家完成工程承包营业额760亿美元,占同期全球总额的47.7%,对相关国家完成非金融类投资145亿美元,占同期全球总额的8.5%[2]。

---

[1] 国家信息中心"一带一路"大数据中心、大连东北亚大数据中心、"一带一路"大数据技术有限公司、大连瀚闻资讯有限公司:《中国与"一带一路"相关国家贸易投资报告（2017年度）》,http://www.comnews.cn/trade/58d318c2cd918944e98d4146。

[2] 商务部:《2016年对"一带一路"相关国家投资合作情况》,http://fec.mofcom.gov.cn/article/fwydyl/tjsj/201701/20170102504239.shtml。

中国民营企业如能把握机遇、顺势而为，结合"一带一路"倡议制定企业自身发展的长远战略，将有助于民营企业在国内外经济新形势下占据主动、减少风险、有所作为。"一带一路"倡议秉承的开放包容原则，以及"三共""五通"等理念，为民营企业海外发展增加了新的发展思路，有利于企业树立正确的义利观，增强社会责任感，实现对外投资的可持续发展。

此外，"一带一路"建设还有力地调动了中西部和沿边地区民营企业开展对外投资的热情。这些年来，通过西部大开发战略的实施，西部地区对外经济合作取得较快发展。但受到地理区位、资源禀赋、发展基础等因素影响，西部地区国际化水平同东部地区相比仍有很大差距。在对外投资领域，2015年，中国地方企业非金融对外投资总流量为936亿美元，其中东部企业为798亿美元，占据85%的绝对份额[①]。"一带一路"倡议的提出，从构筑新时期中国对外开放的新格局出发，让西部和沿边地区从改革开放的"末梢"变成前沿，有力地推进了西部地区和沿边地区对外开放的步伐，为西部和沿边地区跨越式发展提供了契机。

中西部企业可以依托"一带一路"建设，找准自身定位，充分发挥区位优势，成为连接沿海地区同相关国家的经济走廊。近年来，中西部省份推出的中欧班列发展迅速，中国—哈萨克斯坦霍尔果斯跨境经济合作区进展顺利，体现了"一带一路"建设对中西部外向型经济的强大带动作用。此外，随着"一带一路"建设的深入，中西部地区对境外和沿海地区资本、产业的吸引力显著增强，有利于中西部企业"内引外联"，加大招商引资力度，创造更多的合作机会。

（二）为民营企业在相关国家开展投资合作营造良好的外部环境

"一带一路"倡导各国通过和平合作，打造互利共赢的"利益共同体"和

---

① 商务部：《中国对外投资合作发展报告（2016）》，http://fec.mofcom.gov.cn/article/tzhzcj/tzhz/upload/zgdwtzhzfzbg2016.pdf。

共同发展繁荣的"命运共同体"。这一倡议在经济合作中强调开放包容和共同发展,有力地调动了沿线各国参与的积极性,得到相关国家的积极响应和支持。沿线各国普遍希望搭上中国发展的"顺风车",合作意愿明显增强,对中国企业投资兴业充满期盼。

随着相关国家参与"一带一路"建设意愿的增强,以及同中国在战略规划、政策措施、工作机制、制度标准等领域的对接,获益的不仅仅是"走出去"的国有企业,中国民营企业也受益匪浅。各国领导人和政府对中国民营企业的重视程度普遍增加。巴基斯坦、白俄罗斯、印度尼西亚、马来西亚等国领导人在同中国领导人的会谈会见中,重点关注的双边合作项目曾有多个中国民营企业参与。柬埔寨首相洪森曾亲自出席西哈努克港经济特区的奠基仪式,并同中方成立了副部级的协调委员会,解决跨部门问题。埃塞俄比亚总理每年两次、其工业部等部门每年四次同中方投资的东方工业园区企业开展例会,解决中方企业遇到的问题。白俄罗斯同中国建立了副总理级的政府间协调委员会机制,统筹推进中白工业园区建设。

部分相关国家政府还从制度、法律上支持中国企业开展投资,解决中方企业遇到的问题。埃塞俄比亚议会通过《工业园法》,并将中国企业投资兴建的东方工业园列为其国工业发展计划的优先项目,在税收、检疫、通关等方面给予优惠。巴基斯坦成立了1万人的特别安全部队,专门保护在巴投资经营中方企业人员的安全。

(三)为民营企业在相关国家开展经贸合作创造更好的制度安排

"一带一路"建设以周边国家为重点,大力推动"政策沟通、设施联通、贸易畅通、资金融通、民心相通",得到相关国家的积极响应。随着"一带一路"建设的深入,中国同相关国家的区域经济一体化水平得到提升,贸易投资便利化程度不断提高,互联互通持续推进,有效降低了企业"走出去"的成本,促进了各国间物资、资金和信息的流动,有利于企业合理配置资源,优化投资布局。

1. "一带一路"自贸区网络不断扩大

在中国共产党第十七次全国代表大会上，自由贸易区建设上升为国家战略，中国共产党十八届三中全会进一步提出，加快构建立足周边、辐射"一带一路"、面向全球的高标准自由贸易区网络。截至目前，中国已同20多个国家和地区签署了13个自贸协定（不含内地同港澳更紧密经贸关系安排），其中涉及"一带一路"沿线国家的就有12个。正在谈判的自贸协定有11个，其中涉及"一带一路"沿线国家的有5个。此外，中国还同欧亚经济联盟（成员包括俄罗斯、白俄罗斯、哈萨克斯坦、吉尔吉斯斯坦、亚美尼亚）探讨建立欧亚全面伙伴关系，推动地区一体化的深入（见表2-1）。在已建成的自贸区中，90%左右的商品实现了零关税，有效降低了贸易成本。此外，自贸协定还实现了双方在服务贸易、投资和经济合作领域更高水平的开放。

表2-1 部分涉及"一带一路"自贸区

已签协议的自贸区	正在谈判的自贸区	正在研究的自贸区
• 中国–格鲁吉亚 • 中国–澳大利亚 • 中国–韩国 • 中国–瑞士 • 中国–冰岛 • 中国–哥斯达黎加 • 中国–秘鲁 • 中国–新加坡 • 中国–新西兰 • 中国–智利 • 中国–巴基斯坦 • 中国–东盟 • 内地与港澳更紧密经贸关系安排 • 中国–东盟（"10+1"）升级	• 《区域全面经济合作伙伴关系协定》（RCEP） • 中国–海合会 • 中日韩 • 中国–斯里兰卡 • 中国–马尔代夫 • 中国–以色列 • 中国–挪威 • 中国–巴基斯坦自贸协定第二阶段谈判 • 中国–新加坡自贸协定升级谈判 • 中国–新西兰自贸协定升级谈判 • 中国–智利自贸协定升级谈判	• 中国–哥伦比亚 • 中国–摩尔多瓦 • 中国–斐济 • 中国–尼泊尔 • 中国–巴布亚新几内亚 • 中国–加拿大 • 中国–孟加拉国 • 中国–毛里求斯 • 中国–蒙古国 • 中国–秘鲁自贸协定升级联合研究 • 中国–瑞士自贸协定升级联合研究

资料来源：中国自由贸易区服务网，http://fta.mofcom.gov.cn/。

数据

★ 中国－东盟自由贸易协定为企业带来的收益

2010年双方建成自贸区，双方90%～95%税目的商品享受零关税。根据商务部统计，2016年第1季度，在该协定下，中国出口商品累计减免关税达209亿美元，占享受免税待遇商品货值的7.9%[①]。2015年，双方完成了自贸区升级谈判，在近70个服务贸易部门做出更高水平的开放承诺，并在投资领域承诺简化投资审批程序，为投资提供更多便利和支持。受此影响，中国企业对东盟投资热情大涨。2015年中国对东盟直接投资146.04亿美元，首次超过100亿美元，同比增长87%。

2. 贸易投资便利化程度不断提高

由于经济和社会原因，"一带一路"沿线大部分国家贸易投资便利化水平还不高。"一带一路"倡议提出后，中方提出的"五通"理念得到相关国家的积极响应，同相关国家的贸易便利化程度不断提高，"大通关"和"国际物流大通道"建设取得积极进展，为中国企业"走出去"创造了良好的互联互通环境。

截至2016年底，交通部等部门同相关国家签署了16个多、双边运输便利化协定，同47个国家（地区）签署了双边和区域海运协定，同62个国家（地区）签署了双边政府间航空运输协定。开通中欧班列运行路线39条，开行班列近3000列，覆盖欧洲9个国家的14个城市。

海关总署重点从"畅顺大通道、提升大经贸、深化大合作"3个方面推出16条措施，着力加强跨部门合作、跨地区合作、国际合作，同相关国家开展"信息互换、监管互认、执法互助"合作，启动国际贸易"单一窗口"试点，加快通关一体化建设，开辟了哈萨克斯坦、吉尔吉斯斯坦、塔吉克斯坦农产品快速通关"绿色通道"（详见个案研究二）。

[①] 中国自由贸易区服务网，http://fta.mofcom.gov.cn/article/chinadm/chinadmgfguandian/201606/32064_1.html。

国家质检总局发布了《共同推动认证认可服务"一带一路"建设的愿景与行动》，制定并发布了《〈愿景与行动〉三年滚动实施计划》，印发《标准联通"一带一路"行动计划》（2015～2017年），明确了认证认可服务"一带一路"建设工作的32个重点国家和7个重点业务领域，在开展国别研究、建立合作渠道、推动国际互认、主导建立国际区域组织、认证认可检验检测"走出去"等多个方面提出了具体目标。同时，全面深化与相关国家和地区在标准化方面的多、双边务实合作，通过中国标准的海外推广应用更好地支撑中国产业、产品、技术、工程和服务"走出去"，服务"一带一路"建设。

3. 财税金融领域合作不断加强

根据统计，中国已经与56个相关国家签署了双边投资协定①，同54个相关国家签署了避免双重征税协定②，为双方企业开展相互投资合作提供法律税收上的保障。国家税务总局不断明晰政策规定、优化征管流程，不断完善对企业境外所得采取的限额抵免课税制度，助推中国企业"走出去"。

在金融领域，中国同相关国家合作，发起并成立亚洲基础设施投资银行，成立400亿美元的丝路基金、20亿美元的中哈（哈萨克斯坦）产能合作投资基金和100亿美元的中国-中东欧协同投资专项融资③，同多家多边开发机构设立了联合融资基金，中国进出口银行和国家开发银行设立了总额近4000亿元人民币的多个专项贷款额度，用于支持"一带一路"建设重点项目④。

中国同时在相关国家推进人民币国际化，目前已同22个"一带一路"相关国家签署了双边本币互换协议，总规模接近1万亿元人民币，同越南等8个国家签订了本币结算协定；7个相关国家获得总计6000亿元人民币的人民

---

① 见 http://www.mofcom.gov.cn/article/difang/201606/20160601331178.shtml。
② 见 http://www.chinatax.gov.cn/n810341/n810780/c2605766/content.html。
③ 推进"一带一路"建设工作领导小组办公室：《共建"一带一路"：理念、实践与中国的贡献》，http://news.xinhuanet.com/silkroad/2017-05/10/c_1120951928.htm。
④ 《"一带一路"国际合作高峰论坛成果清单》，http://news.xinhuanet.com/world/2017-05/16/c_1120976848.htm?from=groupmessage&isappinstalled=1。

币合格境外机构投资者（RQFII）额度。此外，截至 2016 年底，共有 9 家中资银行在 26 个相关国家设立了 62 家一级分支机构，20 个相关国家的 54 家银行在华设立了 66 家分支机构①。

（四）带动民营企业自身转型升级

同发达国家市场相比，"一带一路"沿线大部分国家市场有其自身的特点。一方面，相关国家资源禀赋独特，发展潜力巨大，对中国总体友好，对中国经济体制认可度较高，合作意愿较强，欢迎中国企业投资兴业；另一方面，"一带一路"地区历来是大国博弈焦点，传统和非传统安全挑战突出，部分国家市场成熟度不高，政治风险较大，经济基础较为薄弱，基础设施落后。

"一带一路"建设顺应中国对外开放新体制，充分发挥市场的决定性作用，鼓励各类型市场主体的参与，大力推动各国扩大相互市场开放程度和贸易投资便利化程度，致力于构建更为完善的法治化、国际化、便利化营商环境。这有助于发挥中国民营企业的优势和特点，为民营企业"走出去"创造更为舒适的制度氛围。民营企业应充分利用"一带一路"建设带来的有利的发展环境，并制定与自身相应的国际化战略和海外市场开拓策略。

此外，民营企业可借参与"一带一路"建设，主动适应经济结构调整，实现自身转型升级，培育其全球竞争力。面对相关国家的复杂形势，民营企业能培养国际化视野，提升战略规划和风险防控能力，充分发挥自身优势，通过学习西方国家的经营理念、管理模式及先进技术，按照国际化规则加强自身公司治理机制，逐步成为具有较强稳定性、竞争性、系统性、协同性，同时国际化程度高、影响力较大的跨国公司。

通过参与"一带一路"建设，民营企业还能通过加强本地化经营，切实履行社会责任，推进文化融合和民心相通，淡化中国企业海外投资的政府色彩，打牢合作的社会基础和民心工程，增强企业的软实力。

---

① 推进"一带一路"建设工作领导小组办公室：《共建"一带一路"：理念、实践与中国的贡献》，http://news.xinhuanet.com/silkroad/2017-05/10/c_1120951928.htm。

二 民营企业面对的"一带一路"海外投资环境

"一带一路"给民营企业的海外投资合作带来了广阔的空间和更多的机会。但如何将国家战略同企业自身经营相结合,在实践层面抓住机会、拓展自身业务、实现盈利,进而打造双赢的局面,这需要企业对具体的投资环境有更加清晰和全面的认识。"走出去"的民营企业需要对"一带一路"沿线国家的经济和行业有透彻的了解,这是开展对外投资合作取得成功的起点和保证。

(一)"一带一路"构建了贯穿亚欧非的经济大平台

根据国家发改委、外交部、商务部于 2015 年 3 月联合发布的《推动共建丝绸之路经济带和 21 世纪海上丝绸之路的愿景与行动》,"一带一路"倡议贯穿了亚欧非大陆,一头是活跃的东亚经济圈,一头是发达的欧洲经济圈,中间的广大腹地国家经济发展潜力巨大①。从覆盖地域来看,"一带一路"倡议囊括了东北亚、中亚、东南亚、南亚、西亚北非和中东欧等区域的超过 60 个国家(地区)。"一带一路"相关国家加上中国,大多是新兴经济体和发展中国家,总人口约 44 亿,经济总量约为 21 万亿美元,分别占全球的 63% 和 29%(见图 2-1)。

2013 年以来,中国与"一带一路"相关国家的互动不断加深。根据国家信息中心对相关国家的评估,目前俄罗斯和哈萨克斯坦两国与中国处于深度合作阶段,东南亚国家、巴基斯坦以及蒙古国与中国的合作推进速度快,而与阿拉伯国家的合作处于逐步拓展中,与东欧国家的合作则有待加强②。目前,"一带一路"已进入新的发展阶段,将逐步落实各项政策,在重点国家和重

---

① "《推动共建丝绸之路经济带和 21 世纪海上丝绸之路的愿景与行动》发布",http://zhs.mofcom.gov.cn/article/xxfb/201503/20150300926644.shtml。
② 国家信息中心"一带一路"大数据中心:《"一带一路"大数据报告(2016)》。

图 2-1　"一带一路"部分相关国家

注："一带一路"相关国家不限于图中所列国家。
资料来源：根据中国"一带一路"网、国家信息中心等相关资料整理。

点领域不断深化合作。目前已有 100 多个国家（地区）和国际组织表达了对"一带一路"倡议的欢迎态度，中国也已和 60 多个国家签署了共建"一带一路"的合作协议，与 30 多个国家开展了机制化的国际产能合作。此外，中国已在沿线建立了 56 个海外产业园区[①]。

（二）"一带一路"沿线国家政治经济情况

中国民营企业在"一带一路"相关国家开展商业活动，尤其应注重该国的政治和经济环境问题。部分国家政治体制不完善、腐败现象严重，也有不少国家政局不稳、安全问题突出。民营企业安保预警能力普遍偏弱，一旦发生冲突将给企业带来极大损失。因此了解投资国家的政治经济情况，是民营企业对外商务活动顺利进行的保障。

---

① 推进"一带一路"建设工作领导小组办公室：《共建"一带一路"：理念、实践与中国的贡献》，http://news.xinhuanet.com/silkroad/2017-05/10/c_1120951928.htm。

1. 各国政治体制多样

从政治体制来看,"一带一路"相关国家多为总统共和制和议会共和制,其中中亚与东欧国家多为总统制,南亚国家多为议会制。而泰国、马来西亚、柬埔寨、不丹等国家为君主立宪制,文莱、沙特阿拉伯、阿联酋、阿曼、科威特和卡塔尔为君主专制体制,老挝、越南为人民代表大会制。此外,伊朗实行政教合一体制,也门实行联邦制,阿联酋为贵族共和制,波黑则为主席团制。有许多国家存在政局不稳的情况。根据有关机构于2015年的统计,近10年相关国家中出现过大规模政治冲突或动乱的有20多个①。阿富汗、伊拉克、也门、叙利亚、巴勒斯坦等国陷入长期战乱或冲突,而波黑和黎巴嫩的宗教种族问题突出。泰国、埃及和缅甸存在长期的军方干政问题,而泰国、尼泊尔等国家的政治领导人更换频繁。因此,在中国企业"走出去"过程中,需要对这些政局不稳的国家加强投资可行性研究与尽职调查,慎重考虑需要长期投资和建设的项目,甚至在必要时增加境外安保费用支出。

2. 相关国家大多为发展中国家,增长动力较强劲

根据国际货币基金组织的统计,从经济体量上看,"一带一路"相关国家中GDP超过1万亿美元的共有3个:中国、印度、俄罗斯,而其他经济体量较大的国家基本位于东南亚及西亚,这些地区也是很多中国企业开展对外贸易和海外投资的热门地区,经济形势好、市场需求大。从经济增长率来看,2016年大部分相关国家发展形势较好,有80%的国家经济增长率超过2%。其中增长最为迅速的分别是伊拉克(10.1%)、乌兹别克斯坦(7.8%)和柬埔寨(7.0%)。有5个国家陷入了负增长,分别是也门(-9.8%)、阿塞拜疆(-3.8%)、文莱(-3.2%)、白俄罗斯(-3.0%)和俄罗斯(-0.2%)(见表2-2)。衰退原因包括他国经济制裁、大宗商品价格下跌等,而经济衰退最严重的也门是受内战所累。总体来看,相关国家

---

① "'一带一路'沿线,哪个国家10年换了9任总理?",http://www.horizon-china.com/page/4103。

增长潜力大,但各类制约因素的存在也给"走出去"企业的海外业务拓展带来障碍。

从各国人均 GDP 来看,有 2/3 的相关国家人均 GDP 不足 1 万美元,即大部分相关国家还没有迈入高等收入国家行列。上述国家基本位于亚洲,而中东欧地区国家人均 GDP 普遍较高,大多在 1 万美元之上。"一带一路"相关国家中也包含人均 GDP 超过 3 万美元的国家,分别为卡塔尔(60787 美元)、新加坡(52961 美元)、阿联酋(37678 美元)、以色列(37262 美元)。但这并不表示这些国家的经济都很发达,除了作为东南亚金融中心和物流中心的新加坡外,其余国家皆依赖于其丰富的化石能源。

表 2-2　部分"一带一路"相关国家 2016 年经济增长情况

国家	GDP（亿美元）	GDP 增长率（%）	人均 GDP（美元）
中国	112183	6.7	8113
印度	22564	6.8	1723
俄罗斯	12807	-0.2	8929
印度尼西亚	9324	5.0	3604
土耳其	8574	2.9	10743
沙特阿拉伯	6396	1.4	20150
波兰	4676	2.8	12316
泰国	4069	3.2	5899
伊朗	3768	6.5	4683
阿联酋	3714	2.7	37678
埃及	3323	4.3	3685
以色列	3184	4.0	37262
菲律宾	3047	6.8	2924

续表

国家	GDP（亿美元）	GDP 增长率（%）	人均 GDP（美元）
新加坡	2970	2.0	52961
马来西亚	2964	4.2	9360
巴基斯坦	2842	4.7	1468
孟加拉国	2279	6.9	1411
越南	2013	6.2	2173
捷克	1930	2.4	18286
罗马尼亚	1870	4.8	9465
伊拉克	1670	10.1	4631
卡塔尔	1567	2.7	60787
哈萨克斯坦	1338	1.1	7453
匈牙利	1257	2.0	12778
科威特	1099	2.5	26005
乌克兰	933	2.3	2194
斯洛伐克	895	3.3	16499
斯里兰卡	826	4.3	3887
乌兹别克斯坦	665	7.8	2122
缅甸	663	0.1	1269
阿曼	632	3.1	15964
保加利亚	524	3.4	7369
黎巴嫩	520	1.0	11309
克罗地亚	504	2.9	12095
白俄罗斯	488	−3	5143
斯洛文尼亚	440	2.5	21320
立陶宛	427	2.3	14890
约旦	387	2.1	5554
塞尔维亚	377	2.8	5376

续表

国家	GDP（亿美元）	GDP 增长率（%）	人均 GDP（美元）
阿塞拜疆	376	-3.8	3956
土库曼斯坦	362	6.2	6622
巴林	319	2.9	24183
拉脱维亚	277	2.0	14060
也门	273	-9.8	938
爱沙尼亚	231	1.6	17633
尼泊尔	212	0.6	733
柬埔寨	194	7.0	1230
阿富汗	189	2.0	565
波黑	166	2.5	4308
格鲁吉亚	142	2.7	3842
老挝	138	6.9	1925
阿尔巴尼亚	121	3.4	4203
文莱	112	-3.2	26424
蒙古国	110	1.0	3660
马其顿	109	2.4	5263
亚美尼亚	105	0.2	3511
塔吉克斯坦	69	6.9	800
摩尔多瓦	68	4.0	1901
吉尔吉斯斯坦	66	3.8	1073
黑山	41	2.4	6629
马尔代夫	34	3.9	9554
东帝汶	25	5.0	2102
不丹	21	6.2	2674

注：数据为 2016 年各国经济增长情况，其中 GDP 与人均 GDP 为名义数据，GDP 增长率为实际 GDP 增长情况。

数据来源：国际货币基金组织（IMF）。

从就业市场来看，东南亚地区国家就业形势良好，失业率低，而东欧国家失业率问题严重。失业率排名前5位的分别为波黑、马其顿、塞尔维亚、黑山和也门，排在前3位的失业率甚至已超过20%。尤其，波黑和马其顿的青年失业率约为五成，很多年轻人不得不出国寻求工作。失业率高的主要原因除了经济增长缺乏动力外，也包括地区冲突、种族分歧、社会不稳、政治腐败等，多数国家的高失业率已"久治不愈"，政府的改革措施难以到位。此外，从图2-2中可以看到，东南亚地区一些经济增长强劲的国家就业情况良好，相关国家中失业率最低的前5名国家卡塔尔、柬埔寨、泰国、老挝和马来西亚中有4个是东南亚国家。

3. 人口密度高，生活水平存在差异，各地区发展需求不同

相关国家中不乏中国、印度、印度尼西亚、巴基斯坦、孟加拉国这样的人口大国，60多个国家的人口总数占世界人口的63%，GDP总量为全球总量的31%，而国土面积总和仅占世界总面积的1/4①。"一带一路"相关国家人口密度总体偏高，而平均社会发展水平低于世界整体水平。表2-3为联合国开发计划署发布的人类发展指数（HDI）排名，该指数通过考察一个国家的预期寿命、教育水准与生活质量，为各国打分。该表显示，"一带一路"相关国家中社会发展水平最高的为位于东南亚的新加坡，排在其后的多为中东欧以及中东各国。相关国家中，处于人类发展水平"极高"、"高"以及"中等"的国家均分别有20多个，可以说，相关国家的生活水平存在差异性，且各地区对基础建设、重工业、轻工业、高新科技、金融等的发展需求各不相同，但都拥有巨大的发展潜力。民营企业若能做好市场调研，便可以在"走出去"中发现巨大的发展机遇。

---

① 杨言洪、徐天鹏："'一带一路'相关国家经济社会发展比较分析"，《北方民族大学学报》（哲学社会科学版）2016年第4期。

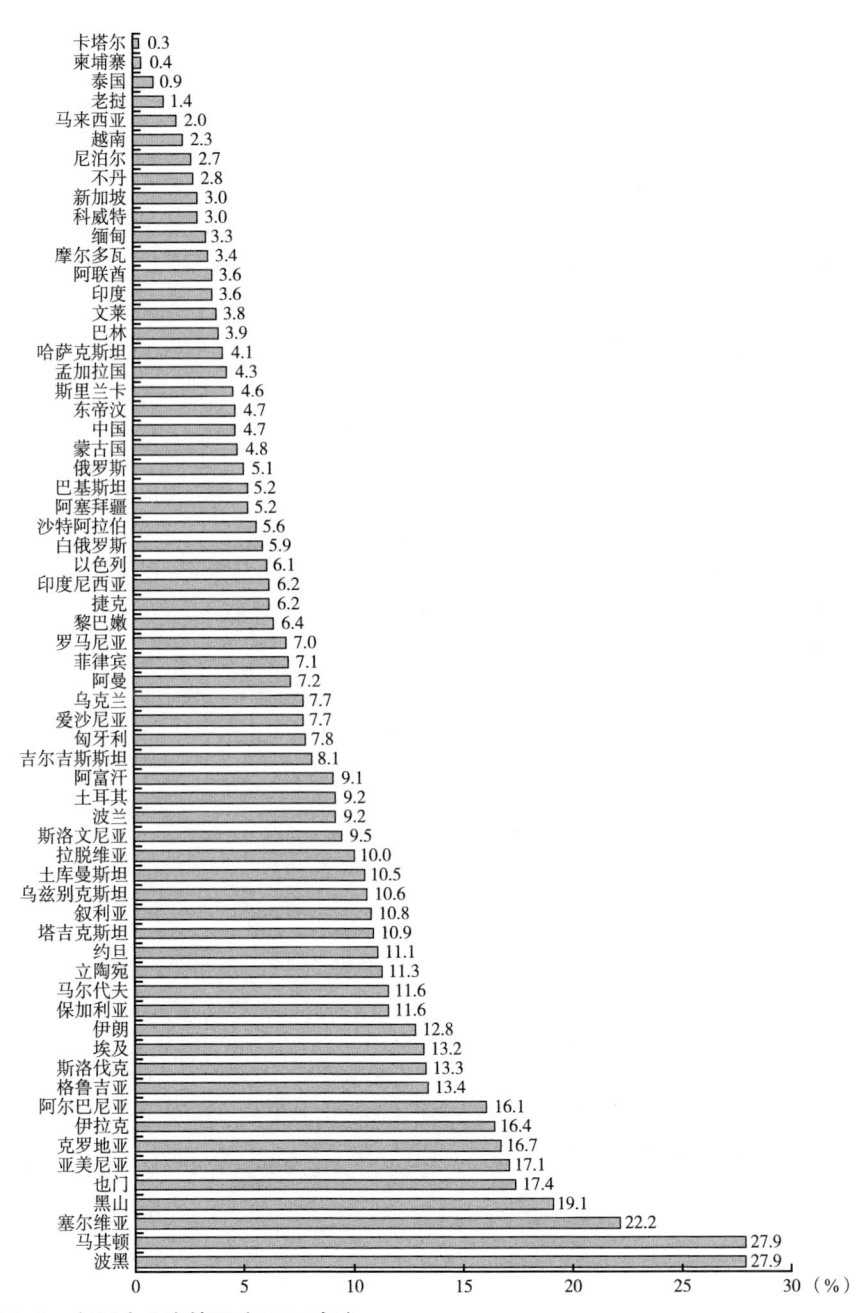

图 2-2　各国失业率情况（2014 年）

数据来源：世界银行。

国家	失业率(%)
卡塔尔	0.3
柬埔寨	0.4
泰国	0.9
老挝	1.4
马来西亚	2.0
越南	2.3
尼泊尔	2.7
不丹	2.8
新加坡	3.0
科威特	3.0
缅甸	3.3
摩尔多瓦	3.4
阿联酋	3.6
印度	3.6
文莱	3.8
巴林	3.9
哈萨克斯坦	4.1
孟加拉国	4.3
斯里兰卡	4.6
东帝汶	4.7
中国	4.7
蒙古国	4.8
俄罗斯	5.1
巴基斯坦	5.2
阿塞拜疆	5.2
沙特阿拉伯	5.6
白俄罗斯	5.9
以色列	6.1
印度尼西亚	6.2
捷克	6.2
黎巴嫩	6.4
罗马尼亚	7.0
菲律宾	7.1
阿曼	7.2
乌克兰	7.7
爱沙尼亚	7.7
匈牙利	7.8
吉尔吉斯斯坦	8.1
阿富汗	9.1
土耳其	9.2
波兰	9.2
斯洛文尼亚	9.5
拉脱维亚	10.0
土库曼斯坦	10.5
乌兹别克斯坦	10.6
叙利亚	10.8
塔吉克斯坦	10.9
约旦	11.1
立陶宛	11.3
马尔代夫	11.6
保加利亚	11.6
伊朗	12.8
埃及	13.2
斯洛伐克	13.3
格鲁吉亚	13.4
阿尔巴尼亚	16.1
伊拉克	16.4
克罗地亚	16.7
亚美尼亚	17.1
也门	17.4
黑山	19.1
塞尔维亚	22.2
马其顿	27.9
波黑	27.9

表 2-3 相关国家人类发展指数排名

人类发展水平分类	国家列表
0.800 以上 极高人类发展水平	科威特 0.800，罗马尼亚 0.802，俄罗斯 0.804，黑山 0.807，巴林 0.824，克罗地亚 0.827，拉脱维亚 0.830，匈牙利 0.836，阿联酋 0.840，斯洛伐克 0.845，沙特阿拉伯 0.847，立陶宛 0.848，波兰 0.855，卡塔尔 0.856，文莱 0.865，爱沙尼亚 0.865，捷克 0.878，斯洛文尼亚 0.890，以色列 0.899，新加坡 0.925
0.700～0.799 高人类发展水平	乌兹别克斯坦 0.701，马尔代夫 0.701，蒙古国 0.735，中国 0.738，泰国 0.740，约旦 0.741，亚美尼亚 0.743，乌克兰 0.743，马其顿 0.748，波黑 0.750，阿塞拜疆 0.759，黎巴嫩 0.763，阿尔巴尼亚 0.764，斯里兰卡 0.766，土耳其 0.767，格鲁吉亚 0.769，伊朗 0.774，塞尔维亚 0.776，马来西亚 0.789，哈萨克斯坦 0.794，保加利亚 0.794，阿曼 0.796，白俄罗斯 0.796
0.550～0.699 中等人类发展水平	巴基斯坦 0.550，缅甸 0.556，尼泊尔 0.558，柬埔寨 0.563，孟加拉国 0.579，老挝 0.586，东帝汶 0.605，不丹 0.607，印度 0.624，塔吉克斯坦 0.627，伊拉克 0.649，吉尔吉斯斯坦 0.664，菲律宾 0.682，越南 0.683，巴勒斯坦 0.684，印度尼西亚 0.689，土库曼斯坦 0.691，埃及 0.691，摩尔多瓦 0.699
0.550 以下 低人类发展水平	阿富汗 0.479，也门 0.482，叙利亚 0.536

资料来源：联合国开发计划署编《人类发展指数 2016》。

4. 贸易交往不断加深，产业合作潜力大

根据《"一带一路"贸易合作大数据报告 2017（简版）》，2016 年中国与相关国家的贸易额为 9535.9 亿美元，其中新加坡、马来西亚、越南、泰国等亚洲国家与中国的贸易互动较多①。从与相关国家的贸易额在中国全球贸易总额中的占比来看，比重有所增加：从 2011 年的 24.6% 上升到 2016 年的 25.7%，其中出口占比从 23.9% 上升到 27.8%，进口占比从 25.2% 下降到 23.0%。可以看出，中国企业向相关国家"走出去"的步伐不断加大。尤其民

---

① 国家信息中心"一带一路"大数据中心等编《"一带一路"贸易合作大数据报告 2017（简版）》。

营企业在中国对外贸易中的地位正不断提升。如图 2-3 和图 2-4 所示，在出口方面，民营企业始终占据一半以上比重，并已从 2011 年的 46.6% 逐年上升至 2016 年的 58.9%；在进口方面，民营企业的贸易额位于外商投资企业和国有企业之后，但也已从 2011 年的 21.6% 上升至 2016 年的 28.2%。

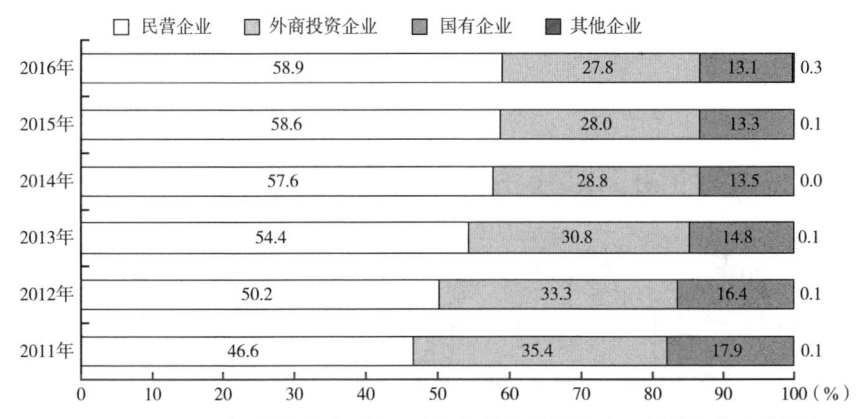

年份	民营企业	外商投资企业	国有企业	其他企业
2016年	58.9	27.8	13.1	0.3
2015年	58.6	28.0	13.3	0.1
2014年	57.6	28.8	13.5	0.0
2013年	54.4	30.8	14.8	0.1
2012年	50.2	33.3	16.4	0.1
2011年	46.6	35.4	17.9	0.1

图 2-3　2011～2016 年中国对"一带一路"部分相关国家出口贸易主体变化情况
数据来源：《"一带一路"贸易合作大数据报告 2017（简版）》。

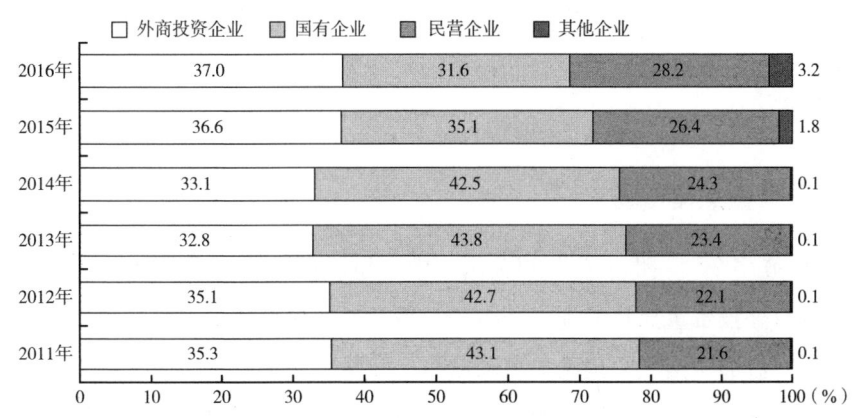

年份	外商投资企业	国有企业	民营企业	其他企业
2016年	37.0	31.6	28.2	3.2
2015年	36.6	35.1	26.4	1.8
2014年	33.1	42.5	24.3	0.1
2013年	32.8	43.8	23.4	0.1
2012年	35.1	42.7	22.1	0.1
2011年	35.3	43.1	21.6	0.1

图 2-4　2011～2016 年中国对"一带一路"相关国家进口贸易主体变化情况
数据来源：《"一带一路"贸易合作大数据报告 2017（简版）》。

从各国参与全球贸易的产品类别来看，不少相关国家在世界制造业链条中仍处于低端位置，能源和矿产资源输出过度，对机电产品的需求量大：其中矿物燃料、矿物油及其蒸馏产品等是相关国家出口额最大的产品，电机、电气设备及其零件等是进口额最大的产品。未来，随着"一带一路"相关各国间互动加深，中国企业将把资金和技术带入相关国家，而相关国家也将在发挥比较优势的同时不断提高自身产业发展水平。中国也会与各国加强经贸往来，从与亚洲国家的频繁互动拓展至与世界各地的深度合作，从以设施联通为主拓展至包括金融、信息、医疗等在内的各个领域。

三 民营企业开展投资合作的重点国家和重点产业

随着2017年"一带一路"国际合作高峰论坛的成功举办，中国同与会各国达成诸多合作成果，"一带一路"建设由谋划阶段进入实际操作阶段，由倡议推广阶段进入实际建设阶段。如何推动包括经贸在内的有关合作尽快落地，将成为下一阶段的工作重点。

有实力、有雄心的中国民营企业应抓住高峰论坛成功举办带来的契机，选取"一带一路"部分重点国家和重点产业，充分发挥自身优势，推动有关投资合作项目早日落地，打造中国同相关国家合作的样板，为国内企业和相关国家树立合作典范，为中国同相关国家开展多领域、多层次的全面投资合作创造机会。

（一）重点投资国家

在60多个"一带一路"相关国家中，建议将以下22个国家作为中国民营企业对外投资重点目的地：蒙古国、俄罗斯、白俄罗斯、哈萨克斯坦、巴基斯坦、孟加拉国、斯里兰卡、阿联酋、沙特阿拉伯、伊朗、土耳其、印度尼西亚、越南、马来西亚、泰国、新加坡、缅甸、柬埔寨、老挝、波兰、捷克、匈牙利。主要考虑如下几个方面。

1. 上述国家地理位置重要，多位于战略咽喉要道

上述国家基本处于各区域的核心位置，或处于连接周边地区的交通要冲，或处于陆海重要交通要道，同中国的安全、战略利益攸关。全球十条主要海峡中的五条位于上述国家所在地区，特别是马六甲海峡、霍尔木兹海峡、曼德海峡，更是中国海上生命线的"咽喉"所在。俄罗斯横跨欧亚大陆，蒙古国、土耳其、伊朗、哈萨克斯坦、波兰都是历史上欧亚大陆交流往来的主要节点国家（见表2-4）。在上述地区开展投资合作，既可利用上述国家的区位优势，降低物流成本、辐射周边市场，又能将企业利益同国家战略、安全利益相结合，增强中国在该地区的影响力和话语权。

表2-4 部分"一带一路"交通节点国

地区位置	国家列表
马六甲海峡周边	印度尼西亚、马来西亚、泰国、新加坡、柬埔寨、斯里兰卡
霍尔木兹海峡周边	伊朗、阿联酋、沙特阿拉伯
曼德海峡周边（包括东地中海）	沙特阿拉伯、土耳其
欧洲中心，连接多瑙河、莱茵河和奥得河等重要河流	波兰、捷克、匈牙利
已运行的三条欧亚大陆桥	俄罗斯、哈萨克斯坦、白俄罗斯、波兰

2. 同中国建立了较高水平的政治外交关系

上述重点国家对华普遍友好，高度重视发展对华关系，同中国建立了较高水平的"伙伴关系"，同中国在各领域有着广泛合作（见表2-5）。"一带一路"倡议提出以来，在中国和各国领导人的共同推动下，中国同上述国家的友好关系得到巩固发展，互利合作得到进一步深化，双边伙伴关系得到提升，内涵也更为丰富。比如，2016年习近平主席访问伊朗和沙特阿拉伯期间，中国首次同上述两国建立全面战略伙伴关系；2015年习近平主席访问巴基斯坦期间，中巴双边关系由战略合作伙伴关系提升为全天候战略合作伙伴关系；2016年习近平主席访问捷克期间，两国首次建立了战略伙伴关系。

表 2-5　中国同部分"一带一路"相关国家的伙伴关系

伙伴关系类型	国家列表
全天候战略合作伙伴关系	巴基斯坦
全面战略合作（协作）伙伴关系	越南、新加坡、柬埔寨、泰国、缅甸、俄罗斯
战略合作伙伴关系	土耳其、斯里兰卡、孟加拉国
全面战略伙伴关系	蒙古国、哈萨克斯坦、印度尼西亚、马来西亚、沙特阿拉伯、伊朗、白俄罗斯、波兰
战略伙伴关系	阿联酋、捷克
全方位合作伙伴关系	新加坡
友好合作伙伴关系	匈牙利

3. 经济上对中国倚重，积极参与"一带一路"

上述国家中，东盟各国、蒙古国、巴基斯坦等国在经贸领域对中国依存度较高，对华经贸合作已成为带动本国经济增长的重要引擎。捷克、波兰、土耳其等国希望搭上中国发展的"顺风车"，推动本国经济发展，同中国开展合作的意愿强烈。中国已成为沿线 25 个国家的第一大贸易伙伴，19 个国家的第二或第三大贸易伙伴，双边贸易额超过 400 亿美元的国家达到 11 个[①]，中国已成为很多相关国家增长最快的投资来源地之一。"一带一路"倡议提出后，上述国家积极响应。目前，"一带一路"倡议已经同俄罗斯、东盟、哈萨克斯坦等国的重大发展战略实现了对接，中俄蒙、中巴、新亚欧大陆桥等境外经济走廊建设稳步推进。

数据

★ 中国同东盟的贸易从 1992 年的 63 亿美元增长到 2015 年的 4721 亿美元，年均增长 20%，超过东盟其他贸易伙伴。中国目前已经成为东盟第一大

[①] 国家信息中心"一带一路"大数据中心、大连东北亚大数据中心、"一带一路"大数据技术有限公司、大连瀚闻资讯有限公司：《中国与"一带一路"相关国家贸易投资报告（2017 年度）》，http://www.comnews.cn/trade/58d318c2cd918944e98d4146。

出口目的地和第一大进口来源地，2015年对华出口已占东盟出口总额的11%；另据东盟统计，2014年东盟吸收来自中国内地和中国香港的投资总额达到184亿美元，仅次于欧盟、美国和日本。

4. 投资合作基础稳固，投资环境总体较好

上述国家总体人口规模较大，经济发展情况较好，大多对外来投资持欢迎态度，总体投资环境较好。新加坡、印度尼西亚、马来西亚、越南、阿联酋、波兰等国多年来都是全球投资的热点地区，土耳其、孟加拉国、斯里兰卡等国近年来对外国投资的吸引力也不断增强。

此外，中国在上述国家投资合作基础较好。根据商务部统计，2015年中国在这22个国家的投资流量和存量，分别占中国在"一带一路"相关国家投资流量和存量总额的91.4%和85.4%（见表2-6）。在每个国家开展投资经营的中资企业均在百家以上，扎根当地十年以上的企业较多，中国已在其中7个国家建成10个通过中国政府考核的国家级境外经贸合作区。此外，白俄罗斯的中白工业园、孟加拉国的中国经济工业园、斯里兰卡的中斯工业园等一批境外经贸园区也在建设之中。

表2-6　2015年中国企业对"一带一路"部分国家投资情况

单位：亿美元

国别	2015年流量	2015年底存量
阿联酋	126868	460284
巴基斯坦	32074	403593
白俄罗斯	5421	47589
波兰	2510	35211
俄罗斯	296086	1401963
哈萨克斯坦	−251027	509546
柬埔寨	41968	367586

续表

国别	2015年流量	2015年底存量
捷克	1741	22431
老挝	51721	84171
马来西亚	48891	223137
蒙古国	-2319	376006
孟加拉国	3119	18843
缅甸	33172	425873
沙特阿拉伯	40479	243439
斯里兰卡	1747	77251
泰国	40724	344012
土耳其	62831	132884
新加坡	1045248	3198491
匈牙利	2320	57111
伊朗	-54966	294919
印度尼西亚	145057	812514
越南	56017	337356
22国合计	1729608	9874210
占"一带一路"60多个国家总额的比重	91.4%	85.4%

数据来源：商务部，国家统计局，国家外汇管理局：《2015年度中国对外直接投资统计公报》。

（二）重点投资产业

"一带一路"建设中，要开展共商、共建、共享的平等互利合作，同相关国家实现共同繁荣，就要坚持市场在资源配置中的主导地位，要根据全球产业分工和转移的新趋势，将中国各行业的比较优势同相关国家的资源禀赋、市场条件、产业基础、发展规划等相结合，追求合作的最大公约数。建议中国民营企业重点在以下行业开展投资合作。

1. 传统优势产业

（1）中国企业的优势

一是轻工。中国轻工业规模大、产业链完整、生产配套能力强，家具、鞋类、珠宝首饰、塑料制品、箱包、玩具等竞争力较强。二是家电业。中国已成为全球家电生产、消费和出口大国，技术水平基本与发达国家持平。三是纺织服装。中国是世界上最大的纺织服装生产和出口国，相关配套设施齐全。

（2）投资建议

轻工：重点考虑在印度尼西亚、越南、泰国、孟加拉国等国投资设厂，发挥越南龙江工业园等园区作用，充分利用当地劳动力价格和土地价格低廉的条件，以及邻近中国市场的区位优势，转移部分低端制造环节；积极考虑在匈牙利、波兰等中东欧国家投资设厂，利用当地较为完善的产业配套和高素质劳动力，打造中高端品牌，同时规避进入欧盟市场的贸易壁垒。

家电：重点考虑印度、巴基斯坦、越南、泰国、土耳其等人力成本低、消费市场大的国家，以及中亚和沙特阿拉伯等市场潜力较大的国家，适当向巴基斯坦海尔－鲁巴经济区、中国－印尼经贸合作区等经贸合作区集中，形成规模和配套优势，可重点投资建设生产基地，转移加工组装环节。

纺织服装：重点考虑到越南、柬埔寨、缅甸、孟加拉国等东南亚、南亚国家投资设厂，加快柬埔寨西哈努克港经济特区、孟加拉国中国经济工业园等园区建设，形成海外生产加工基地。利用上述国家出口欧美市场享受的普惠制等优惠关税政策，规避欧美贸易壁垒，降低出口成本；考虑在巴基斯坦、哈萨克斯坦、乌兹别克斯坦等靠近棉花产区且工业基础较好的国家建设纺织厂及原料基地。

2. 装备制造优势产业

（1）中国企业的优势

一是电力设备。中国电力设备制造产业体系完备，火电、风电、水电、光伏发电和传输设备等部分产品达到世界领先水平。二是工程机械。中国工程机械生产规模全球第一，技术成熟可靠，已形成三一重工等一批国际知名企业。三是通信设备。中国通信设备制造业规模优势明显，不论是个人终端产品还是网络设备，产销量均居全球前列，华为、中兴等企业已成为业界翘楚。四是汽车。中国已成为全球第一大汽车生产国，研发能力、技术水平和产品质量同欧美差距逐步缩小，已出现吉利、奇瑞等一批有实力的民营企业。

（2）投资建议

电力设备： 重点考虑印度、巴基斯坦、斯里兰卡等南亚国家，哈萨克斯坦等中亚国家以及俄罗斯、蒙古国、泰国、越南、老挝、柬埔寨、缅甸等国，上述国家能源缺口较大，电力需求较强，中国可以国际产能合作为契机，建立电力输送合作关系，积极参与当地电站建设、电网升级改造等，开展水力、风能、光伏发电等可再生能源建设，带动中国设备出口，在当地投资应以售后服务和技术支持等为主，可考虑并购当地条件较好的生产企业进行改造升级。

工程机械： 重点考虑印度、俄罗斯、越南、阿联酋、印度尼西亚、泰国等国，上述国家工程机械需求量大，对产品价格敏感，当地有一定配套能力，适合投资建立散件组装厂和售后服务、维修网点。此外，可考虑在俄罗斯、印度等地设立研发中心，利用当地工程技术人员，开发适用当地市场的技术和产品。

通信设备： 重点考虑印度、巴基斯坦、俄罗斯、土耳其、印度尼西亚等新兴市场，在当地建立物流基地和售后服务中心，通过并购方式扩大备品备件的本地化比重，在印度、土耳其待条件成熟时可建立针对当地市场的生产线，在印度、俄罗斯等地设立研发中心。

汽车： 重点考虑俄罗斯、印度、印度尼西亚等人口较多、汽车消费市场大、产业基础较好的国家，以及伊朗等西方国家进入困难的市场，通过国内散件出口、在当地建立组装厂的方式，逐步提升市场占有率；同时，通过建设汽车产业园的形式，带动国内轮胎、玻璃、电气等零配件企业"抱团出海"，在当地形成较为完备的配套体系；同时，加强售后服务和营销网络建设。

3. 产能过剩产业

（1）中国企业的优势

一是钢铁。中国是全球第一大钢铁生产和出口国，达到国际先进质量水平认定的钢铁产品有 500 多种，但国内产能利用率仅 70% 左右。二是电解铝。中国电解铝产量全球第一，但国内产能利用率不足 80%，生产技术已步入世界先进水平行列，具备技术输出、成套出口和项目总承包能力。三是水泥。中国水泥产量超过全球 50%，但国内产能利用率不到 70%，国内产业集中度已经较高，同世界大型企业差距不大。四是平板玻璃。中国是世界最大的平板玻璃生产、消费和出口国，中低端产能过剩情况严重，高附加值产品发展缓慢。五是船舶。中国船舶产量全球第一，但产能利用率不到 70%，且生产的船舶 80% 以上供出口，散货船、集装箱船、油轮等产品具有很强的国际竞争力。

（2）投资建议

钢铁：重点考虑俄罗斯、印度、哈萨克斯坦、蒙古国等铁矿石、煤炭资源较为丰富的国家，重点建设海外资源基地，适度发展冶炼和加工环节；此外，重点考虑印度尼西亚、马来西亚、哈萨克斯坦、阿联酋、沙特阿拉伯、塞尔维亚等基础设施发展快、钢铁需求较大的国家，通过在当地投资设厂或并购重新建立钢铁生产基地，重点发展中游的钢铁冶炼和下游的深加工环节；通过上述国家向欧美市场出口，以规避欧美对中国出口钢铁产品设置的贸易壁垒。

电解铝：重点考虑印度尼西亚、老挝、柬埔寨等铝土资源丰富的国家，开发矿产资源，投资建设氧化铝生产厂；此外，重点考虑到铝土矿、水电资源丰富的印度尼西亚以及能源丰富的俄罗斯、哈萨克斯坦等国，投资建设电解铝项目。

水泥：重点考虑俄罗斯、沙特阿拉伯、伊朗等传统市场，加快产能转移力度；此外，积极考虑印度尼西亚、缅甸等对基础设施需求大的国家，加大投资力度；探讨通过并购方式进入被跨国集团垄断的东南亚市场。

平板玻璃：重点考虑印度尼西亚、越南、泰国、菲律宾等国，上述国家市场需求大，且已具备一定的生产能力，可抓住时机通过并购或投资，加大产能转移力度；此外，重点加强同俄罗斯、乌克兰等国企业合作，开拓独联体和中东欧国家市场。

船舶：重点考虑新加坡、马来西亚等船运业发达、配套条件较好的国家，设立船舶研发和销售服务基地；此外，探讨在斯里兰卡、伊朗等国建立船舶维修和后勤保障设施。

4. 农业和农产品加工

（1）中国企业的优势

中国地域辽阔，农业文明悠久，积累了各种气候条件下从事种植、养殖的先进技术，在杂交水稻、病虫害防治、畜禽饲养、节水灌溉、沼气建设等领域的技术水平居于世界前列。"一带一路"沿线多个国家是中国的传统受援国，普遍接受过中国提供的农业技术援助，中国农业的技术和实力得到上述国家的肯定。近年来，中国农业产业化经营发展迅猛，涌现了一批竞争力较强、具备一定国外市场开拓能力的外向型、产业化龙头企业，在境外农业投资、跨国农业经营等方面取得了丰富经验。"一带一路"相关国家多以小农经济为基础，面临着改造传统农业的任务，而中国在推动小农经济向高效高产的现代化农业转变方面有着丰富的经验。

（2）投资建议

建议将俄罗斯、乌克兰、中亚五国、巴基斯坦、斯里兰卡、蒙古国和东盟诸国作为中国在农业和农产品加工领域开展境外投资的重点国家。

通过土地入股、土地租赁、签署种植协议等方式，在俄罗斯、乌克兰、巴基斯坦、中亚五国等投资开展大豆、棉花、玉米、小麦等"土地密集型"农产品的种植，在俄罗斯、蒙古国和中亚五国发展畜牧业。

通过并购或入股农产品加工企业和农业贸易企业的方式，推动联合深度开发东道国的农产品，在蒙古国、中亚等国开展肉类和奶类加工，在中亚五国和巴基斯坦开展棉花和水果加工，在俄罗斯开展水产品养殖和加工。

通过收购或成立合资企业方式，在东南亚各国投资开展水稻、水果、蔬菜、经济作物等农产品种植以及推动仓储、加工和物流等设施建设，在印度尼西亚、马来西亚、泰国、缅甸等国投资开展海洋养殖和水产品加工，在印度尼西亚、缅甸、斯里兰卡投资建立远洋渔业基地。

在俄罗斯、中亚五国、印度尼西亚、马来西亚等投资建立一批高科技农业园区，发展特色农业和先进技术推广，仿照马来西亚"两国双园"方式推动高附加值农产品深加工。

5. 商业和工业园区建设

（1）中国企业的优势

近些年来，中国房地产企业特别是民营房地产企业加大了对外投资并购力度，特别是在海外房地产市场表现活跃，屡屡拿下多个发达国家的地标性建筑。但当前中国企业投资海外房地产存在较大的非理性成分，收购对象集中在发达国家的高端地产，收购动机具有较大的投机性，对管理难度和投资回报率的估计过于乐观，导致收购价格往往溢价偏高，企业肩负较大的债务和财务风险。因此，2016年底以来，有关监管部门对房地产、酒店、影城等领域出现的一些非理性对外投资加大了监管力度。

房地产已成为中国国民经济支柱产业，多年的发展培育出一批具有较强实力的房地产企业。中国企业合理投资海外房地产市场，既有利于调节国内产能过剩，也有利于发挥中国房地产企业在设计、建筑、管理等方面的优势。

特别是"一带一路"相关国家和地区，多为发展中国家，其中很多国家的发展水平，尤其是城镇化水平低于中国，房地产市场特别是商业地产也处于初级阶段，而中国房地产企业对开发此类市场有着丰富的经验。房地产企业对外投资能够推动当地城市发展，提升当地基础设施水平。

此外，很多国家希望借鉴中国建设经济特区的经验，通过发展产业园区、经济开发区等带动工业化的发展，这有利于中国房地产企业发挥自身优势，积极参与有关国家的产业园区、临港园区、城市综合体等大型项目的建设。

比如民营房地产企业碧桂园积极响应国家"一带一路"倡议，希望借助投资"森林城市"项目，拓展马来西亚市场，在促进中国与马来西亚、新加坡等东盟国家科技交流、贸易互通，加强国际产能合作，推动地区经济发展与提高当地人民生活水平方面起到了积极作用，同时为中国企业提供了一个"抱团出海"、集群式"走出去"的海外运营管理服务平台，成为中国企业走向东盟乃至世界的桥头堡（详见个案研究一）。

（2）投资建议

建议在印度、印度尼西亚、马来西亚、泰国、越南等积极推进产业化及中国企业投资较多的国家，依托中国在当地建立的经贸园区或当地工业园区、新城建设，通过建立合资企业或PPP模式，重点投资园区规划设计、产业园区建设、综合配套设施建设等领域，带动中国优势企业、成熟技术和优势产能入驻。

建议在印度尼西亚、马来西亚、新加坡、泰国、马尔代夫等市场成熟、需求较强的国家，通过并购或成立合资公司的方式，重点投资商业地产、高档住宅、旅游基础设施或具有较好前景的PPP项目。

建议在蒙古国、斯里兰卡、缅甸、柬埔寨、中亚五国等城镇化较快、住房需求旺盛的国家，通过带资承包或合资开发形式，重点投资普通住宅建设，参与大型住宅区的开发和管理。

第三部分　丝路远且长：民营企业在"一带一路"沿线开展投资合作面临的挑战

"一带一路"建设是前无古人的国际合作系统工程，非一国之事，也非一国之力，其长期性、复杂性和艰巨性毋庸赘言。同时，相对于国际上成熟的跨国公司，中国企业特别是中国民营企业还是国际经济阵营中的"新军"，总体上还处于起步阶段，开展对外投资合作也还处于初级阶段。中国的民营企业参与"一带一路"建设，必然会面临诸多不容忽视的风险和挑战。

与此同时，中资企业对外投资正步入"快车道"，但总体还处于"交学费"的初级阶段。根据德勤 2016 年末的数据，在目前中国企业的海外投资并购中能称得上完全成功的案例只占 5%[①]。"一带一路"沿线大多为发展中国家，不少国家制度不完善、政策不稳定，民营企业在相关国家开展商业活动，必须全面了解当地投资环境，以降低政治、法律、经济、文化等方面的风险，同时民营企业还需勤练"内功"，应对资金管理和团队建设等内生性挑战。

---

① "德勤金建：中国企业海外并购、投资成功率只有 5%"，http://www.guandian.cn/article/20161215/181264.html。

一 民营企业在"一带一路"沿线开展投资合作面临的外部挑战

"一带一路"建设立足百年大计,包括基础设施、产能合作等在内的许多建设投资大、周期长、收益慢,需要较为稳定的外部环境以及有关合作国家尤其是战略支点国家的支持与配合。

(一)政治形势复杂,政局变化频繁,影响民企投资活动

民营企业"走出去"开展商业活动,首先需要一个政治、经济、安全等领域的稳定环境。若该国政治环境不稳、政局易受冲击、各方势力博弈激烈,那么在该国开展投资、贸易活动的企业也难以实现稳定经营。企业很可能要面对股市动荡、货币贬值、交通瘫痪等多重问题。

"一带一路"建设涉及的60多个国家中,大多为处于政治转型中的发展中国家,许多国家国内政治形势复杂、政局变化频繁,甚至内战冲突不断,法律和政策缺乏连续性。沿线的东南亚、南亚、中亚和中东地区历来是大国博弈的焦点,地缘政治关系错综复杂,各类矛盾和冲突频发。此外,沿线许多国家经济结构不尽合理,市场发育尚不充分,融资能力薄弱,基础设施建设滞后,抵御外来风险能力差,增加了"一带一路"建设的难度。

案例

★ 例如近几年泰国的政局动荡严重影响了该国多个行业,使泰国投资局的数百个企业扩张计划被冻结,也有不少外资机构从泰国撤资,仅从2013年10月底到2014年初就有包括富国银行、高盛等在内的多家机构从泰国撤资40亿美元[①],也有不少中资企业受到影响。

---

① "担忧政局动荡海外机构从泰国撤资",http://www.cs.com.cn/old2017/hw/hqzx/201401/t20140122_4290603.html。

投资目标国与中国的政治关系敏感往往成为民营企业在当地开展商业活动的一大障碍，导致中国企业很难融入当地环境，且在项目争取、劳工输入、税收政策、融资等方面面临阻碍，也使得本就规模小、势力薄、资管能力弱的民营企业在海外市场举步维艰。对于参与重大基础设施建设工程的企业来说，一旦目标国家发生政治动荡，工程建设将遭受诸多限制，且工程本身也会成为众多势力"要挟"政府的工具。倘若情况恶化，甚至可能发生项目中断或取消，导致参与工程的企业遭受巨额损失。

此外，一些国家的政治势力出于自身政治目的，误解或歪曲"一带一路"倡议，借机煽动新的"中国威胁论""中国扩张论"，蓄意阻挠"一带一路"建设。中国与东南亚、南亚等地区部分国家还存在有关领土、领海主权的争议，加上域外势力的干扰挑拨，如应对不当，不但会引发相关国家对中国的安全疑虑，还有可能激化矛盾，直接冲击"一带一路"建设。

出于地缘政治和经济因素考量，部分国家对"一带一路"倡议尚存在疑虑乃至抵触情绪。一方面，民企在这些国家从事绿地投资等海外经济活动时，与"一带一路"有关的议题可能并不会得到热烈的回应。不过另一方面，由于民企经济活动的政府色彩相对较淡，东道国的戒备心理不会那么强烈，更容易获得东道国的认可，有利于"一带一路"在这些国家的推进。

案例

★ 对"一带一路"倡议并没有表现出兴趣的沿线国家典型者如印度，而那里恰恰也是民企投资的重点国家。

在印度眼里，"一带一路"倡议是中国雄心勃勃且复杂的交通走廊计划，海上丝绸之路倡议是该计划的海洋部分，不仅涵盖了广大的经济地域，还设想打造连接远东和欧洲的新海上基础设施。海上丝绸之路倡议对参与国家具有重大战略影响，对印度尤为如此，因为印度就位于海上丝绸之路关键的中部地带。

印度对海上丝绸之路一直并不热情，甚至还有抵触情绪。除对地缘局势感到不安外，影响印度未积极参与海上丝绸之路倡议的因素还包括，具有较好海上基础设施以及世界经济和贸易一体化程度较高的国家会比较容易参与到基础设施建设之中以实现联通。因此东亚、东南亚以及欧洲的大多数国家相对于南亚、中亚和非洲国家具有一定优势。印度在这方面的劣势限制了其参与的积极程度。

此外，印度对海上丝绸之路倡议心存疑虑还有一个原因，即该倡议可能对现行经济框架造成影响。该倡议涵盖的一些国家与印度签有自由贸易协定，如新加坡、马来西亚和泰国等。与东盟国家的贸易额占印度贸易总额的 1/10，其中相当一部分通过印度－东盟自贸协定实现。因此印度并不需要功能类似的替代协议。

目前中国的海上丝绸之路倡议未能说服印度当局相信这一计划的主要用意是实现经济共赢与互通互联。如果能更有针对性地阐明海上丝绸之路倡议的具体项目和潜在利益的话，印度可能会对其持更客观的态度。而在这之前，印度仍会保持谨慎。

（二）多种安全问题影响民企参与"一带一路"

"一带一路"沿线民族众多，多元宗教信仰并存，一些宗教内部还存在不同教派，各民族宗教之间的历史纷争复杂。中东、中亚、东南亚等地区的国际恐怖主义、宗教极端主义、民族分裂主义和跨国有组织犯罪活动猖獗，加之外部势力屡屡插手，导致社会矛盾错综复杂，局势长期动荡不安。部分国家政府控制力弱，安全投入不足，难以对中国投资经营企业提供有效的安全保护。

这些安全问题，对中国企业参与"一带一路"建设构成严峻挑战。民营企业投资经营相对分散，安全意识和安保投入普遍不足，同当地政府、商会和安全部门联系有限，信息沟通和"人脉"资源缺乏，抵御各类安全突发事件的能力更为薄弱。

在西亚北非、前苏联加盟共和国以及东南亚的部分地区安全问题尤其严重。一些国家的民族宗教矛盾难以调和，一旦出现动乱或战争，将很可能危及企业经营者及员工的人身安全。

案例

★ 2011年，叙利亚与中国经贸往来密切，且随着叙利亚国内经济好转，各类需要建设的项目增多，大批企业进入并承包了相关工程。但同年，叙利亚局势开始恶化，使得中国近50项大型承包工程受到影响，涉及合同金额188亿美元。此后，在叙中资企业纷纷撤离，至2013年已所剩无几。除了动乱和战争外，在很多国家贫富差距明显、社会治安问题严重，企业员工的财产安全、人身安全难以保障。

此外，近几年不少地区的各种极端势力迅速膨胀，除了影响部分国家的稳定外，也严重扰乱了当地居民的日常生活，不断制造爆炸、屠杀、抢劫、绑架等暴力事件。2014年6月，一家中资企业的千余名员工遭遇了"伊斯兰国"组织的围困。2015年更有3名中资企业的高管在马里首都巴马科的"酒店枪击事件"中遇难。[①]

在高风险地区，人员安全是近来民营企业在"走出去"过程中遇到的越来越重要的问题。由于"一带一路"倡议本身涉及的地域广阔、国家众多、地缘政治环境复杂，沿线各国禀赋和认知态度差异巨大，中国维护海外利益经验不足等原因，中国企业在"走出去"过程中面临的风险和挑战也明显加大，越来越多的企业利益和设施孤悬海外，面临的政治风险、经济风险、安全风险、文化风险等与日俱增（见图3-1）。大量民企走到海外，促进了中外商贸和人员互联互通的同时，安全问题也逐渐凸显出来。

---

① "近年中企部分海外遇袭事件一览"，http://zqb.cyol.com/html/2016-05/27/nw. D110000zgqnb_20160527_2-05.htm。

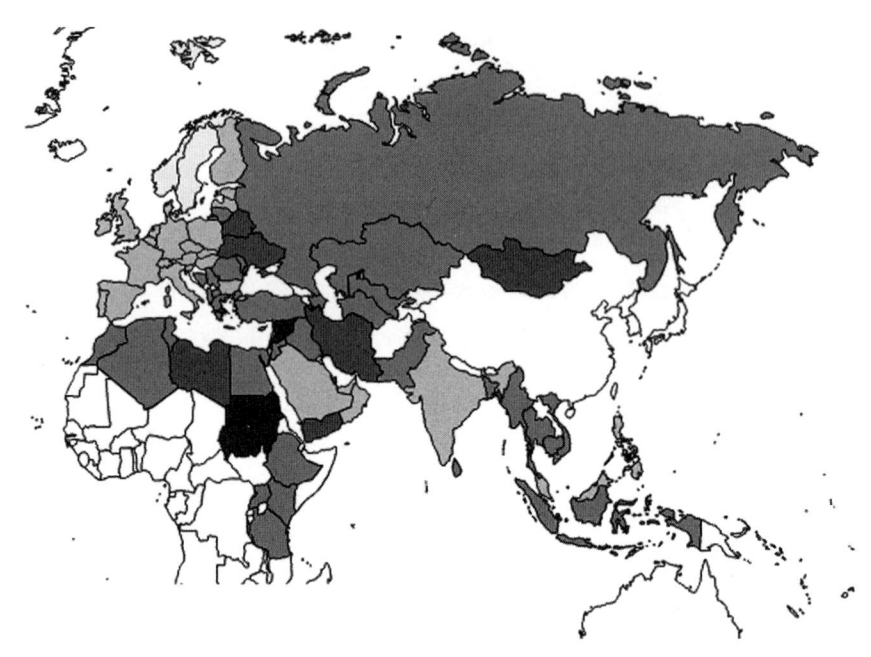

图 3-1 部分"一带一路"相关国家整体运营风险分布

注：整体风险评分涵盖了安全局势、法律及监管、政府效能、政治稳定性、宏观经济风险、外贸及支付问题、劳动力市场、金融风险、税收政策和基础设施在内的十大类风险。图中颜色越深的地区表示风险越高。

资料来源：EIU。

据统计，目前在海外的中国派出人员已经超过百万。这一群体是"一带一路"倡议的参与者、建设者和见证者，发挥着不可替代的重要作用。海外派出人员为企业参与"一带一路"的发展做出巨大贡献。但他们的安全问题在以往都被忽视。"一带一路"相关国家中有些国家的治安状况并不理想，民营企业进入这些市场固然能寻得商机，但人员面临的安全风险也相应增大。

如果员工在海外遇到安全问题，对于民营企业来说将遭遇人力、经营、声誉等方面的多重打击。如何在既有环境下将安全方面的隐患降至最小，如果发生安全问题如何快速正确应对，是摆在"走出去"的民企面前绕不开的问题。

　　除了所在国的政治动乱外，中国海外劳工面临的其他安全风险还包括劳务纠纷、工伤事故、当地排华敌对情绪、自然灾害、群体事件、恐怖主义、法律法规不完善、非法劳工等。自然灾害、恐怖主义和政治动荡对于"走出去"的民企来说属于不可抗力，一旦出现这几种动荡，在涉及员工安全的突发情况下，民营企业可以迅速联系所在国的中国大使馆领事处和经商处，寻求领事保护。同时也要向当地警方报案，以期待问题解决。在一些南亚、西亚北非国家，由于政治动荡、民族众多、暴力冲突不断、宗教极端势力活跃、恐怖分子活动猖獗，因此中国民营企业在进入这些地区时，需要提高安全防范意识。

　　劳务纠纷、工伤事故、法律法规不完善以及非法劳工等原因导致的安全问题，则需要遵守所在国法律，与所在国的司法机构积极沟通解决。和地区动荡导致撤侨这样的大事件相比，劳务纠纷等安全问题虽然小，但却构成了对民企员工安全更主要的威胁。因此企业的投资需要法律的引导，企业遇到问题、受到侵害时更需要借助法律解决问题，维护其正当、合法的权益。

　　企业海外员工的安全问题绝大部分属于日常维权。每年在境外发生的与中国外派人员相关的纠纷案中，24%与雇主不支付劳工工资有关，20%与无故解雇以及克扣工资、强迫退职、人格侮辱等恶性事件有关。企业应更注重海外劳工日常权益的保护，在劳工维权过程中积极提供有效信息与帮助；也可在"一带一路"沿线安全风险级别较高的国家或地区派驻律师和社会工作者以帮助解决员工日常的劳务纠纷，保护劳工权益。

　　当然，和解决问题相比，更重要的是民营企业要尽量将安全问题防患于未然，因为事后补救的时间成本和经济成本更高。民营企业在进行员工的海外派遣前要对其进行必要的安全教育，尤其是要对所在国家的形势、环境等有清楚的了解。企业要完善海外员工派遣、管理、保护的综合性机制，在此基础上，重视如何帮助员工适应所在国的具体情况，保护自己合法权益和安全，提高自我防范意识。同时要让员工认识到如果遇到特殊情况，所在国的中国外交领事机构，能够及时地向他们提供领事保护，或通过当地政府提供有效的安全保护。

（三）法律法规缺位，民企利益得不到保障

法律风险也是民营企业"走出去"的主要风险之一。许多沿线的发展中国家法律法规缺位严重，执法机构随意性大，一旦发生矛盾，执法机构往往拥有较大的操作空间。法律权威性不足也会使相关规定多变，易受到政治斗争、政策变动等影响，如蒙古国的矿产行业就因为当地的资源保护主义而使产业相关法规变动频繁，往往让企业措手不及。

案例

★ 2016年缅甸劳资矛盾多发，《劳工法》以及新修订的《工厂条例》使企业经营者的需求与工人劳动能力之间的矛盾无法调和。缅甸的很多服装纺织企业因此不得不采取增加自动化设备或者裁员的方式解决问题，这又为劳资问题埋下了更深的隐患，使许多工人组织罢工，甚至发生了打砸抢事件，为中资企业的运营以及经营者人身安全带来危害[①]。

除了法律法规缺位问题外，准入审查风险也经常使得中资企业的海外投资受阻。此类问题多发生在发达国家，准入审查通常是这些国家政治斗争、贸易壁垒以及与中国双边关系问题的主要表现形式。准入审查问题包括国家安全审查与垄断审查，尤其对涉及能源矿产、信息通信、军工等与国家安全相关行业的政策会更为严格。而中国"走出去"的民营企业不少都从事能源矿产、信息通信行业，在开展海外商业活动时往往要承受较高的准入审查

---

① "在缅中企被围困员工安全离开现场 肇事者被扣押"，http://www.chinanews.com/gj/2017/02-24/8158677.shtml。

风险。

此外，目标国家的税务问题也让很多企业经营者头疼。在一些制度不完善的国家，中资企业易遭到税收歧视，而民营企业势单力薄，不擅长利用政策和法律保护自身利益，从而对经营形成障碍。很多企业对目标国家的税收政策了解不充分，如一些民企只掌握了税收优惠政策，却未掌握当地税法以及该国与中国签订的与税收有关的投资、贸易协定，增加了企业经营成本。北京市国税局的一项调查显示，有近80%的企业因为对目标国家的税收制度不了解而产生了不必要的税负[1]。另外，对当地税收政策信息的动态把握不足也是民营企业的弱点，若未能及时、准确地了解政策信息，企业很可能会遭受致命打击。

（四）部分国家经济基础薄弱，宏观经济风险较大

中国民营企业参与"一带一路"建设还面临沿线国家较大的宏观经济风险。民营企业多为中小企业，普遍缺乏"走出去"经验，战略规划和市场调研相对不足，对外投资还存在一定盲目性。加上民营企业经营总体较为分散，企业杠杆率较高，因此抵御风险能力弱，在参与"一带一路"建设中更容易受宏观经济的影响。目标国家经济体制不健全、经济基础薄弱等经济层面的风险隐患也颇多。

"一带一路"相关国家大多发展水平不高，经济基础差，易受到发达国家经济和金融市场波动影响，且部分国家长期萧条，消费疲软。在这些国家开展商业活动难以保障企业资金的安全运转，为有关投资合作带来不确定性。

许多相关国家金融体系不健全，难以防范系统性风险，这为在当地投资的民营企业带来诸多不便。如2014年以来的美元升值预期使不少国家货币大幅贬值，这虽然在一定程度上促进了中国对外投资的快速增长，但也使中资

---

[1] "服务'走出去'企业，这些数据值得关注"，http://www.bjsat.gov.cn/bjsat/qxfj/zsefj/zcq/gzdt/201412/t20141229_212549.html。

企业的非美元债务融资意愿受到显著抑制。很多相关国家金融系统稳定性不足，各类突发事件也会给企业造成损失。

案例

★ 印度是很多民营企业海外投资的热门国家，但在印企业若没有做好避险准备，易遭受重大损失。2016年印度政府突然颁布"废钞令"，废除500卢比和1000卢比两种最大面额纸币的流通，从政策公布到正式实施只有4个小时，印度货币流通量骤减86%。这使印度国民生活陷入混乱，不少行业遭遇重挫①。

除了上述问题外，产业层面的经营风险也颇多。"一带一路"沿线很多国家工业基础差，与中资企业行业关联的产业链不发达，且基础设施落后，缺乏技术劳工，这些都给民营企业经营带来困难。如在非洲地区，很多国家的工业水平不高，虽然这意味着中国民企在多个领域拥有发展机遇，但也会使其遭遇产业链对接困难、能源短缺、物流效率低、工厂地价高昂、劳动力素质低等一系列问题。很多企业无法与当地产业链对接，甚至不得不为此挖掘国内其他上下游企业共同投资，并自建电厂、自建培训班等（详见个案研究三）。

在中亚地区，交通运输问题是当地中资企业的主要经营风险。帕米尔高原会因冬季积雪而中断公路运输，企业不得不提前运送备用仪器，因为仪器一旦发生损坏，企业生产将停滞②。此外，中亚各国常因水资源问题纷争不断，一旦各方冲突升级往往会掐断铁路的连通，给企业持续生产带来麻烦。

---

① "印将销毁200亿张作废纸币 至少55人因换钞死亡"，http://world.huanqiu.com/article/2016-11/9723788.html。
② 闫笑炜："民营油企的中亚并购潮"，《能源》2015年第8期。

（五）文化差异大，民企难以把握商业规则

"一带一路"是全球文明文化最丰富多元的地区，很多国家民族自尊心强、宗教气氛浓厚、风俗习惯独特，同中国传统文化和社会习俗有较大区别。特别是当前并购已成为对外投资的重要形式，中国企业如果处理不好同并购企业或外国员工的文化融合问题，不但会对企业自身的项目建设和日常经营造成影响，稍有不慎可能还会引发当地民众反华思潮，将经济问题政治化，严重影响有关合作的开展。

民心相通是"一带一路"建设的关键环节，对投资目的地国社会文化的忽视往往是很多企业投资失败的主要原因。一方面，民营企业"走出去"必须遵守当地的商业规则，一旦与当地的经营习惯相悖，可能会引起劳工和居民反感，若调解不当则会引发矛盾。

另一方面，在一个地方开展商业活动，必须了解当地社会环境，这对很多民营企业是一大挑战。不少企业因为在把握当地宗教习俗、家庭制度、消费习惯等方面缺乏经验，在商标设计、产品销售等方面无法被当地民众接受，从而投资失败。此外，企业在开展合作时因缺少换位思考甚至行事不当，引发当地人反感和抗议的事件时有发生。如某企业在印度投资太阳能电站项目，就曾有当地村民因为宗教原因而不允许企业砍掉工地上的树木，使项目迟迟无法完工①。企业若不尊重当地社会文化，除了会导致其损失国际市场份额外，也会影响到企业形象，最终形成连锁效应令企业蒙受巨大损失。

二 民营企业"走出去"需应对多重内部风险

民企在向"一带一路"相关国家进行投资和贸易时会面临外部风险，同时企业内部在资金管理、人员配置等方面也存在诸多挑战，直接影响到"走

---

① "新能源'出海'：要'种地'，不要'打猎'"，http://www.infzm.com/content/91569。

出去"的结果。

"一带一路"相关国家投资环境复杂独特，虽然有些国家的要素成本低于国内，但在配套设施、原材料供应、物流运输方面同中国还有较大差距，民营企业在国内所具备的规模经营和低成本优势很难在东道国复制，但在战略规划、市场分析、风险应对、人才储备等方面的薄弱环节却容易被放大。

（一）民营企业对外投资能力存在短板

"一带一路"建设是中国面对全球新一轮产业结构调整和升级发展，主动优化产业结构和空间布局的重大战略举措，绝非国内落后产能的简单转移。当前，中国企业对"一带一路"相关国家的投资中，资源类投资仍占据较大比重，制造业投资比重较低。这表明中国企业特别是制造业企业在国际分工体系中仍处于被动从属地位，在品牌、技术、产业集成度、资源整合等核心要素上缺乏较强的国际竞争力，在全球价值链中仍处于较为低端的位置。

中国民营企业在参与"一带一路"建设中，如果仍满足于落后产能的简单转移，不注重技术创新和品牌建设，照搬国内家族式、经验论的粗放型管理，不建立专业化的现代管理制度，恐怕难以充分利用"一带一路"带来的机遇、实现自身的转型升级发展。

此外，伴随改革开放壮大起来的民营企业已成为中国经济发展的主力军，但在国际经济合作阵营中，民营企业仍然是一支新军。"一带一路"相关国家和民众对中国民营企业整体认知度较低，境外企业员工对中国文化认同度不高，企业跨文化经营管理面临较多障碍，为中国企业整合资源带来较大困难。

不少民营企业在公司治理上能力不足，有些民企并没有完善的公司治理制度，且抗风险能力弱、经营稳定性差，而对于大多数的非上市民企而言，财务等经营信息的透明度也亟待加强。公司治理能力不足常常给民营企业在海外资金管理方面带来高风险，不透明的财务信息以及高杠杆的财务状况会给企业融资造成困难，尤其是对于那些需要大量流动性资金的民企，将很难在高竞争性的海外市场中生存。

"一带一路"部分国家市场化程度不高，有些中国民营企业在投资中急于求成、缺乏正确的义利观，对东道国文化和法律法规缺乏充分了解和尊重，忽视企业社会责任感和软实力建设，将国内经营的陋习、不正当竞争手段带到国外，部分行业的民营企业更是缺乏"抱团出海"的合作精神，导致内耗时有发生，往往出现"走出去"却不能立住脚、融进去的情况，也容易引起东道国民众的反感，有悖于"一带一路"建设所倡导的包容开放、合作共赢的理念，难以实现民心相通的目标。

（二）民营企业资金运作和资本管理能力有限

1. 应对汇率波动和外汇管制的能力较差

企业在海外开展商业活动易受汇率波动影响，一旦目标国家货币贬值，会使企业因货币错配和负债经营等而遭受损失，尤其对从事海外房地产、工程、纺织、钢铁等行业的民营企业影响更为严重。

"一带一路"沿线很多是金融体系较为脆弱的发展中国家或欠发达国家，汇率容易受众多因素影响，波动较大（见图3-2）。中资企业往往有大量资产以当地货币计价，但很多负债却以人民币计价，汇率波动会对企业的资产负债表造成冲击，甚至可能产生连锁反应，影响到产业链上下游企业以及贷款银行。对于很多企业来说，汇率风险是双重的，一些企业需要将当地货币折算成美元，再按国内汇率结汇为人民币。此外，在汇率不稳定的国家，国际业务结算周期过长也会给"走出去"企业带来货币折算风险，企业账款收付与最后清算的时间跨度越大，企业面临的风险就越高，那些缺乏外汇结算经验、不擅长汇率预测的民营企业常因此遭受损失。事实上，汇率变动不仅会影响结算，也会影响企业的交易与经营，汇率变动会间接改变公司的产品价格、成本甚至产量，从而影响公司未来现金流的变化。

人民币的价格波动也会对许多企业开展境外投资造成影响。2015年11月，因央行下调人民币中间价，使人民币主动贬值1.9%，造成很多缺乏汇率波动

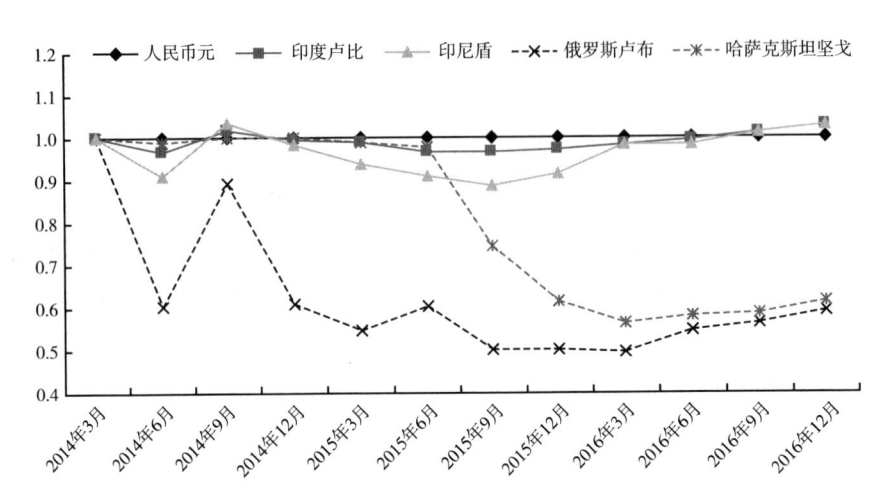

图 3-2 "一带一路"部分投资国家汇率变动情况
注：图为近三年来各国货币相对于人民币的汇率变动情况。
资料来源：国际货币基金组织。

应对能力的中国企业债务大增①。这主要是因为很多离岸借贷企业因为需要兑换成美元才能偿还本金和利息，而大多数并没有预先进行外汇风险对冲，此次人民币贬值尤其对海外房地产行业造成了巨大冲击。

除了汇率变动外，外汇管制问题也会令民营企业的商业活动受阻。"一带一路"相关国家很多实行管理浮动汇率制度，实质上是采取盯住美元的外汇政策，当美联储政策变动时，就会对这些国家的金融外汇政策带来较强的溢出效应。因为美元价格剧烈波动导致外汇大量汇出时，这些国家为防止资本外逃，可能会被迫采取一定的管控措施。部分外汇短缺国家还将限制投资的资本、收益或者其他合法收入转出该国。如缅甸长期实行的外汇管制政策，禁止外汇自由出入和自由兑换，要求企业不可以直接用美元兑换缅甸元，而要将美元汇入缅甸银行，再用外汇券换取②。此外，民营企业尤其要注意那些

---

① "Yuan Move Threatens to Add $10 Billion to China Inc.'s Debt Bill"，https://www.bloomberg.com/news/articles/2015-08-11/yuan-move-threatens-to-add-10-billion-to-china-inc-s-debt-bill.

② 胡志军：《中国民营企业海外直接投资》，对外经济贸易大学出版社，2015，第 54 页。

高度依赖单一商品出口赚取外汇的国家，例如2014年底俄罗斯因为大宗商品价格下跌、西方经济制裁等因素而在加强外汇管制，使部分在俄中国企业出现一定程度的货币兑换困难和资金汇回困难，尤其在贸易行业以及零售行业影响严重。

中国外汇管理政策的调整也会影响到民营企业对外投资活动的开展。近期有关部门加强了对境外投资真实性的审核，在具体实施中尺度较严，让不少民营企业感到申汇、用汇和汇出难度增大。尤其对那些本就在境外融资难而需要依赖国内资金的中小企业而言，审核时间长、银行"额度不足"等，往往使他们不得不寻找中介机构，在兑换外汇方面付出高昂的中介费用。如有一家浙江企业曾表示，外付1亿元的换汇成本就要高达1000万①。

除了"流出难"外，由于资本账户封闭运行，企业资金向境内转移时也遇到严格审批，这给资金回流造成困难。企业海外客户的汇款无法直接汇入国内公司总部，只能与当地公司结算，部分资金不得不在海外市场进行二次投资或利用中国香港的分公司接收外汇，甚至有一些东南亚地区的民营企业在无奈之下借助地下钱庄等转移资金。这一方面给企业增添了运营风险，一方面还影响其参与海外招标等活动，使企业无法缴纳投标保证金和履约保证金。尤其对于竞争激烈的行业，如IT行业、跨境电商等，资金回流难问题严重影响了部分企业的竞争力。

2. 融资贵、融资难严重制约民企发展

由于当前中国企业融资来源单一，间接融资占比过高，且企业信用积累不足，受外汇管控严重，此外受中资金融机构国际化程度低、贷款利率高、手续复杂等多重因素影响，融资难、融资贵已成为民营企业参与"一带一路"建设面临的突出问题，很多民营企业因此错失了最佳投资时机（见表3-1）。

---

① "中国跨境资本流出继续受限 '宽进严出'仍是主旋律"，http://forex.cngold.com.cn/20161226d1710n110473227.html。

表 3-1 各类渠道借贷利率统计

借贷渠道	贷款利率
P2P	17%
小额贷款	广州小额贷款 1 年以内在 13% 以上，1 年以上在 16% 以上；宁波小额贷款利率平均在 18% 以上，高值达 20% 以上
民间借贷	16% 以上
银行	综合成本在 17%~20%

数据来源："民营企业参与'一带一路'战略前景光明"，《中国民生银行民银智库研究》2017 年第 8 期。

根据中国人民银行数据，随着"一带一路"建设的实施，中国企业积极在海外开展商业活动，境外贷款额度不断提高，从 2014 年 3 月的 1.6 万亿元，增长到 2016 年 12 月的超过 3.2 万亿元，但这些贷款的受益方主要是国有企业。从境外贷款与本外币贷款总额的比较来看，目前境外贷款的数额甚至不到贷款总额的 3%（见图 3-3）。

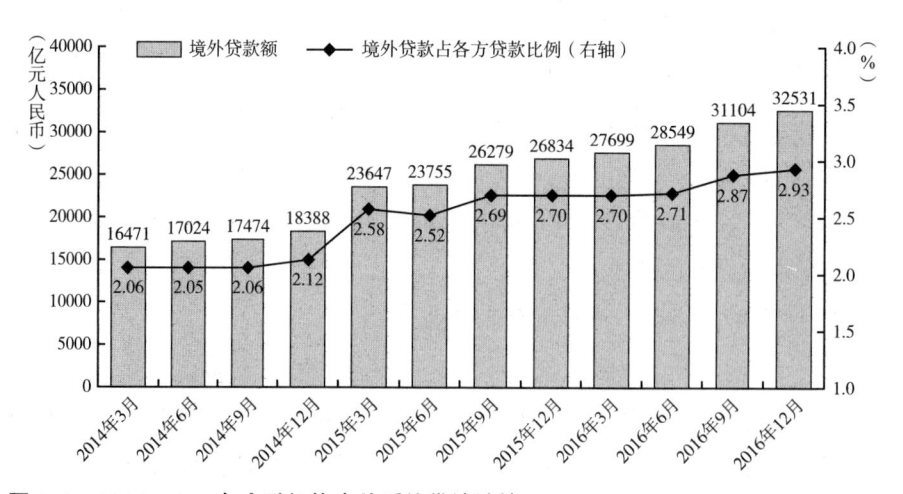

图 3-3 2014~2016 年金融机构本外币信贷统计情况
数据来源：中国人民银行。

目前，中国"走出去"企业通常以国内金融机构融资为主。由于民营企业自身规模小、抗风险能力弱等，往往难以和国有企业在贷款方面得到相同对待。相比国有企业，民营企业很难享受到国家援外资金或优惠性质的政策性、开发性融资。国有企业可以凭借国家开发银行、国家进出口银行等政策性银行的支持获得资金，并能从亚洲基础设施投资银行、丝路基金等多边机构申请贷款，而民营企业却往往要依靠商业性金融机构的支持。由于"一带一路"相关国家总体风险较高，民营企业通过金融机构获取的商业融资成本高、使用难，目前还缺乏针对民营企业参与"一带一路"建设的开放性、多元性融资。很多民营企业规模、业绩和信誉都很好，但仍然难以拿到免担保、免抵押的纯信用额度，企业自身融资难度很大。由于《贷款通则》相关规定以及信保额度等政策层面限制，国内贷款并不能用作境外投资的资本金来源，且商业性金融本身存在一定局限，这些都使民营企业在资金管理上面临较大风险。如中国光伏企业在"走出去"时，因为投资地点分散，产业链协同性差以及欧美政策影响等因素，再加上国内银行对海外光伏产业不看好而被限制贷款，给很多企业的发展带来阻碍[1]。

此外，相较实体经济企业，中国金融企业向"一带一路"相关国家"走出去"的步伐相对较慢，给企业提供的服务和支持仍有局限。

由于中国金融企业的国际化水平不高，且很多"走出去"的金融企业往往选择先"走进"发达国家，但不少民营企业是在发展中国家以及欠发达国家开展商业活动，两者的地区不匹配，民营企业很难获得便捷的服务，且易受到不同国家金融规则的限制。从 2016 年末开始，因为国内推行经济去杠杆，流动性普遍收紧，又由于本币境外使用受限导致投融资币种错配，令民营企业难以降低资金成本。目前，民营企业融资需求多但满足程度低的现象仍然存在。

民企从投资国当地的金融机构贷款更加困难：很多相关国家金融体系不够健全、不开放，且银行系统管理水平较差，这均给企业经营带来困难，尤其不利于需要大量外部融资的通信设备、医疗制造等行业的发展。例如在泰

---

[1] 靳保芳："光伏企业'走出去'融资难待解"，http://jjckb.xinhuanet.com/2017-03/06/c_136105218.htm。

国，外国人往往无法获得抵押贷款，即使近几年当地政策给予适当放宽，但办理手续依旧十分烦琐。很多民营企业在境外设厂，初创期的盈利能力低、债务杠杆高，但境外融资一般对企业要求严格，很多民营企业因投资风险大、项目周期长、抗风险能力弱、经营稳定性低、财务信息不透明等因素往往难以拿到贷款。此外，民营企业与世界银行、非洲开发银行等大型境外融资机构合作经验较少，对融资平台不熟悉，缺乏相关人才，这些也制约了企业融资渠道的拓展。

3. 政策支持力度不足，资金管理难获保障

中国企业大规模"走出去"是新趋势，相对于企业的需求，政府在有关政策制度的支持力度上还存在滞后，往往给民营企业在资金管理上带来不便。

一方面，资金补贴政策不完善、落实不到位。曾有民营企业获取了对外投资合作项目的贷款贴息政策后，决定申请财政贴息，虽然项目一步步通过评审，但下达到市财政局后却又因为程序上未经该局申报而被拒绝支付。

案例

★ 河南一家民营种子公司承担了中国与塔吉克斯坦两国政府间的农业合作项目，因在当地改造基础设施、提升种植技术、开展技术培训等而广受当地民众赞誉，但在获取贷款上却难上加难。示范园区 1.2 亿元资金均为自筹，得到的唯一的政府支持是每年三四十万元的农业部人才交流培训补贴①。

另一方面，除了优惠政策外，中国的跨国综合服务体系也不健全，保险制度覆盖面窄。目前，中国出口信用保险公司是中国唯一开展对外投资保险业务的政策性金融机构②。很多民营企业对此了解不足，有企业反映其审查内

---

① "尴尬：赚了几百万美元无法直接汇回国——民营企业家谈参与'一带一路'建设的三重'烦恼'"，http://jjckb.xinhuanet.com/2016-08/17/c_135605395.htm。

② 管爱琴："'一带一路'沿线投资如何防范风险"，《中国外资》2016 年第 4 期。

容过于严格、投保成本高，也有一些企业反映其索赔过程长等。目前出口信用保险规模偏小、覆盖率不全等问题在一定程度上制约了企业的发展，包括国家风险评级、对客户的资质评判、审批烦琐等问题都为"走出去"企业带来了一定困难。

总体来说，中国当前涉及支持企业"走出去"的财政、金融政策对民企的限制多且支持力度有限，而海外保险服务也存在滞后明显、险种有限、覆盖面窄、理赔程序复杂等问题，这些均令民营企业的资金管控得不到保障。

（三）民营企业自身竞争力不足，存在创新与人才短板

1. 企业规模小，实力弱

近两年来，随着"一带一路"建设的推进，企业"走出去"热情高涨，但相比国有企业，民企在经营规模、融资能力、技术水平上还相对薄弱。例如，在对投资国家影响力大的承包工程类项目中，民营企业少有上榜。根据商务部数据，2016年中国对外承包工程业务新签合同额排名前十的企业中，仅有华为一家是民企。而在合同额前100的榜单中，民营企业不到10家，其中国有及国有控股企业的合同总额约为1831亿美元，民营企业的合同总额仅为209亿美元（见图3-4）。

民营企业很多都是以个体形式"走出去"，这样的"单打独斗"往往内耗严重，不仅要花大量人力、物力适应商业规则，又要与其他实力强劲的企业竞争。企业不得不逐步适应目标国家的政策、法律，通过个人关系同当地劳工、民众打交道，而一旦出现税收、工作签证等政策的变动就会给规模偏小的民营企业带来严重影响。此外在对一些发展中国家投资时，也常会因目标国家产业链不发达、技术工人素质低等给企业带来各种各样的经营难题。虽然很多民营企业拥有先进技术，可以发挥所长帮助当地发展经济，但却因为规模小、影响力不够等多重原因最终投资失败。

近些年，为防止"单打独斗"，一些民营企业开始采取"抱团出海"方式展开合作，在当地建立工业园区，并与其他企业及政府机构等合作设立园

民营企业 10.23%
- 华为技术有限公司
- 神州长城国际工程有限公司
- 惠生工程（中国）有限公司
- 华西能源工业股份有限公司
- 郑州华路兴公路科技有限公司
- 沈阳远大铝业工程有限公司
- 江苏永鼎泰富工程有限公司

国有及国有控股企业 89.77%

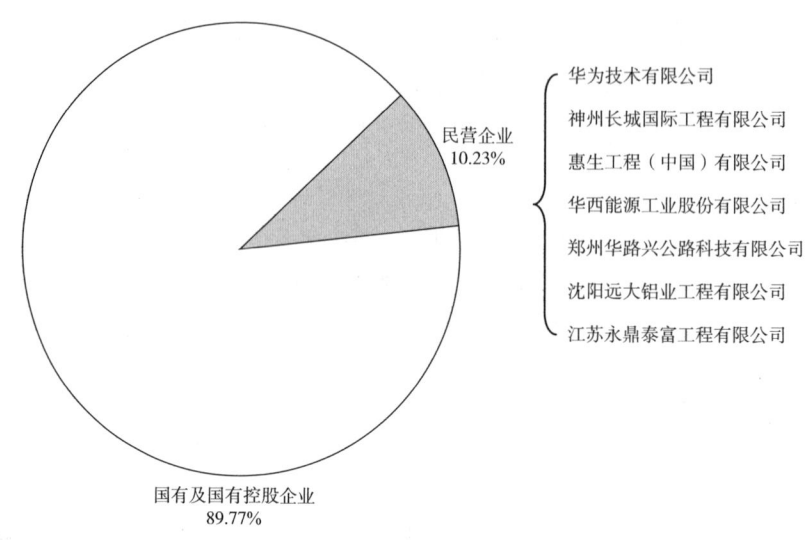

图 3-4 2016 年中国对外承包工程业务新签合同额情况
资料来源：商务部网站。

区"一站式"服务窗口，提供包括投资申请、登记注册、报关、商检、核发原产地等多种行政服务。这有效地帮助民营企业降低了"走出去"的成本，减少了包括行政、法律、经济、文化等各类风险。然而民营身份的工业园往往会在与当地政府的谈判中处于劣势，容易出现谈判成果落地慢、优惠政策落实难的情况。

案例

★ 埃塞俄比亚的东方工业园就因其民营企业身份，而难以通过资产抵押融资导致资金短缺。目前该工业园区的负债率不到 10%，却只能"滚动式"向前发展，使得很多企业错失了发展机遇①。

2. 面临创新与人才瓶颈，各方面实力有待加强

虽然近几年民企对外投资增长较快，但在技术创新、人力资源、企业管

---

① 《第七届亚洲论坛"一带一路"与企业行为：成果、挑战与建议会议手册》，第 169 页。

理等多方面仍有不少软肋，其自身的竞争力不足往往令企业在海外开展商业活动时遭遇多重风险。

首先，技术创新是很多民营企业的软肋。虽然有很多优秀的高科技企业通过贸易、建厂、并购、合资等方式成功进入海外市场，但仍有不少企业因为技术创新不足而最终失败。这些企业或无法在市场上占有较大份额，或无法与市场中已有商品产生差异化，仅凭低价竞争而受到同行抵制与政策限制，甚至导致目标国家政府发起反倾销诉讼。

其次，在人力资源方面，不少民营企业国际人才匮乏，对当地的商业规则了解不够，也缺乏应对政策、法律变动的能力。这往往使民营企业在与当地政府、合作企业的商业谈判中处于弱势，除了成本增加外，也易错失发展机遇。

民营企业在参与"一带一路"项目中普遍面临国际化人才瓶颈。中国的民营企业正在进行转型升级，正在从资源、劳动密集型转为技术、创新驱动型，企业应当培养复合型人才。从理论上说，未来的工业技术人才应当拥有跨行业、跨应用领域的专业知识，而管理型人才必须具备跨部门、跨文化的管理能力，中高层领导团队更应同时具备技术和管理的能力。因此，企业需要针对不同层级的员工开发人才培养方案，确保上至高管、下至新员工都能在未来市场上具备复合型能力，成为公司可持续增长的驱动力。

然而人才梯队的建设并非一朝一夕之力，不少企业在决定"走出去"后，才发现国际化人才不足成为制约其战略执行的瓶颈。为了适应这些挑战，作为快捷的解决方式，有的民营企业雇用了当地人才担任管理层，采取当地运营模式，以便留住人才并降低收购风险。但不少民企由于财务规范和治理结构的原因，很难在本土化方面迈开大步，使得企业在"走出去"后不得不负担更高的管理成本。

因此，民营企业更看重的是培养自己的国际化人才队伍，并不惜为此付出时间成本和经济成本。不过在实际工作中，许多企业领导人和管理人员又常常困于短期目标而搁置长期团队培养，疲于解决投资国日常运营中的各种问题，缺乏推进转型工作的决心和能力。企业如何抓住"一带一路"的建设机遇，搭建国际化人才架构，是"走出去"前需要认真考虑的问题。

案例

★ 三一重工于2009年在印度投产的三一产业园，将提高员工属地化作为助力企业可持续发展的重要措施。16名高管中，印度籍占11名，而印度籍员工占员工总数的97%。企业依靠当地经销商建立起销售渠道，既节省了成本，又避免了直接涉入当地宗教、文化冲突，而当地经销商借助三一也得以发展壮大，实现了"双赢"。

（四）各方面对民营企业的支持有待加强

在"一带一路"建设中，中国政府始终重视包括民营企业在内的各类型企业的主体地位和重要作用，强调多元化推动，欢迎社会资本的积极参与。随着"一带一路"建设的深入，各部门、地方政府对民营企业同"一带一路"建设的关系认识得更为深刻，对民营企业在"一带一路"建设中的重要性及发挥的积极作用予以肯定，并积极采取措施鼓励民营企业参与"一带一路"建设。但相比民营企业的积极性及具体需求，当前对民营企业有针对性的支持还要进一步加强。

1. 在顶层设计上，当前各部门和地方省市在推动各类主体参与"一带一路"建设过程中，主要通过对重点企业和重点项目提供优惠的财税和金融政策予以支持，属于创造"政策洼地"。对于如何深化对外投资改革、打造"开放高地"，为各类市场主体参与"一带一路"建设创造公平的竞争环境方面做得还不够。民营企业在核准、备案、融资、用汇等方面受到的限制仍然较多，有关境外投资管理体制还需要进一步自由化和便利化。

2. 在支持重点上，在当前各方推进"一带一路"建设中，政策沟通、设施联通和贸易联通相对进展较快，重点推进战略规划对接和重大基础设施项目，这些领域更适合国有企业发挥作用。对于如何以点带面，通过资金融通和民心相通、发挥广大民营企业的作用，具体支持措施还不多。

3. 在公共服务支持上，民营企业总体规模偏小、实力有限，海外投资经营的经验不足，对政府提供的公共服务产品依赖较大。而中国有关部门在领事、信息、安保等领域提供的保障能力，还难以完全达到引领民营企业"走出去"的要求。此外，境外中资企业商、协会等中介服务机构还比较薄弱，影响力、规模和能力还不足，难以满足企业现实要求。

第四部分　驮练到安西：对民企参与"一带一路"的建议

民营企业应抓住"一带一路"建设所带来的重要机遇，积极应对各类挑战，与专业服务机构、金融机构等紧密合作，积极稳妥地加大"走出去"力度。政府则要充分调动民营企业的积极性，充分利用比较优势，多方施策、统筹协调、因势利导，给予民营企业以有力的指导和支持，推动民营企业扩大对"一带一路"沿线重点国家及产业的投资合作，为"一带一路"建设做出贡献。

同时，民营企业也需要认识到"一带一路"沿线国家的多样性，适应差异性，注重因国施策，根据各自的情况做出具体调查和分析，并据此做出商业判断。中国企业"走出去"在国外面临全新的社会、经济、政治、法律、文化环境，在生产流程、质量控制、员工管理等方面都会遇到新困难，简单套用国内行之有效的方法可能会"水土不服"。这也要求中国相关企业在管理运营层面认真学习、善于学习，尽快适应投资所在国特定环境以保证自身平顺运营，为共建"一带一路"提供微观层面的企业力量。

一　从执行层面做好民营企业"走出去"风险应对策略

"一带一路"建设是构建中国开放型经济新体系的顶层设计，是实现"两个一百年"奋斗目标和中华民族伟大复兴"中国梦"的重大举措，是构建人类命运共同体的伟大探索和实践。今后一段时期，民营企业的对外投资活动将进入快速发展时期，民营企业应增强自身的历史使命感和社会责任感，积极参与"一带一路"建设。

民营企业在实现企业自身发展及转型升级、走出国门参与国际竞争与合作的同时，应为提升中国对外开放水平，实现从对外投资大国到投资强国的跨越，推动中国经济同世界经济深度融合，最终实现"一带一路"建设的宏伟目标做出贡献。

此外，民营企业在"一带一路"相关国家开展对外投资合作中，要坚持正确的义利观，要算企业的"小账"，更要算国家的"大账"，将企业自身发展同国家的利益和战略相结合，充分发挥自身优势和特点，在推动中国同相关国家的互利共赢合作中发挥作用。

民营企业在对外投资中要通过制度创新、技术创新、营销创新、文化创新打造核心竞争力，克服困难，把企业做强做大。

（一）做好可行性研究与尽职调查，全面了解投资环境

传统跨国企业是贸易先行，即从贸易开始入手，而中国企业是从援外、工程承包、派遣劳务开始，到国外进行并购、投资的历史不长，即从事境外投资环境调研的时间短，缺乏开展当地市场调查的经验。

缺乏完善的可行性研究和尽职调查是民营企业"走出去"失败的重要原因之一。值得警惕的是，有些民营企业进入不熟悉的市场时，容易掉入"陷阱"。比如有些中国企业去海外实施了很大的并购项目，但因为事先调研不足，或者预判失准，导致亏损严重，特别是在一些资源型项目，或者大型基建项目上，已经出现不少失败的案例。由于不少"一带一路"相关国家政治安全风险大，其中又有部分投资热门国家与中国政治关系紧张，存在领土、领海争议，使中国企业进入当地市场时面临较大不确定性。民营企业在海外开展投资并购，必须先掌握其产业发展情况，同时深入了解投资目标国家的政治经济环境。

民企"走出去"前先要做好可行性研究，以发现产业发展机遇，评估投

资效果。很多民营企业在国外的项目取得成功就是因为投资前详细分析了当地产业发展周期，抓住了发展机会，并掌握了一系列优惠政策。从当前各行业海外发展的可能性来看，根据金杜律师事务所的预测，未来可再生能源、天然食品和健康食品、房地产、基础设施等行业有望成为中国企业境外投资热门①。

此外，产业发展机会应与企业自身的发展战略相契合，将海外业务变为企业的优势业务进行拓展或与之形成互补，或弥补企业短板等。企业自身的发展需求也应与当地的政治经济发展水平相匹配，例如输出的劳动与设备比例应保持合理水平，否则将出现产业链无法衔接、人力资源管理失败等问题。企业将自身情况与当地政治经济水平相结合后，充分讨论项目建立后的财务盈利性、经济合理性、技术先进性与适应性等多重因素，研究企业自身竞争能力与市场前景，做好立项前的可行性研究。

在确认项目可行后，要根据选定产业和目标国家做好尽职调查，主要包括政策调查、财务调查、税务调查、法律调查等，而对于不同行业与不同投资地区，也应开展涉及业务、技术、环境、运营、知识产权等多方面的调研。尽职调查可以发现海外立项、境外投资等的风险点，能有效保障未来企业海外商业活动的顺利进行。企业首先应对该国的投资环境进行初步评估，其次通过设立分支机构、与当地政府或企业建立联系、聘请第三方中介等多种手段，掌握目标国家的政治、安全、法律、经济、文化等信息，并针对目标行业进行市场调研等。在当前世界格局下，尤其应注意政府违约、外汇管制、劳工政策等问题，做好避险工作，防止企业在海外经营遭受重大损失。

案例

★ 对投资周期长、投资金额高的能源行业，应该对目标国家的法律体系、能源监管制度、准入机制、土地情况、环境保护等多方面开展调研。而

---

① "金杜预测中国境外投资重要行业发展前景"，http://www.kwm.com/zh/knowledge/insights/future-of-chinese-outbound-investment-kwm-predictions-20160725。

对于医药行业，企业需要重点关注的则是药品生产销售资质、知识产权情况等，以便中资企业引进技术和获得中国境内上市许可。

对于一些高风险国家和地区，如受到国际制裁以及发生战争、内乱的国家和地区等，要提前做好政治风险应对准备。如果企业在海外开展投资并购业务，要查清目标国的外资准入规定以及目标公司的资质、资产、股权、业务和盈利来源，并可以通过压力测试等手段了解产业链上下游的稳定性和当地市场对产品的接受度等①。此外，无论开展何种商业活动，企业都应充分了解当地的商业规则，才能让此后的发展更随机应变。企业应主动利用当地商业规则，抓住发展机遇。

（二）注重财务管理，降低税务和汇兑风险

民营企业"走出去"规模不断扩大，单从民企海外并购来看，2016年的并购交易数量是2015年的3倍，金额高达1163亿美元②。海外投资并购的热度不断增高，资金需求不断扩大，同时也给民营企业的财务管理带来挑战。企业需要应对包括税务、融资等多方面的问题，但解决问题的能力却有待提高。尤其是不少民营企业自身财务管理能力较弱，对金融机构依赖较大，对投资目标国与中国内地市场的差异了解不足，无法有效利用当地优惠政策，这些都给企业的财务管理带来挑战。

在税务方面，企业需要做好前期的税务规划，并注意减少关联方交易和代付垫付的安排，以化解转让定价、外汇管制和额外的税务成本问题。从税收结构来看，就直接税而言，企业开展海外商业活动需要缴纳的税负主要包括企业在岸业务的所得税以及税收利润汇回中国需要缴纳的预提税，这两者会影响项目利润水平。而在间接税方面，主要包括增值税、消费税等，其中

---

① 牛克洪等，"科学预控各类境外风险稳健实施'走出去'战略"，《煤炭经济研究》2015年第4期。
② 普华永道：《2016年中国企业并购市场回顾与2017年展望》，第5页。

增值税在大多数国家可以抵扣,这对企业成本影响不大。企业应注意不同国家税收体系的差别,尤其是很多发展中国家税率高、税务体系复杂,适应此类的税务体系对中国民营企业是一个挑战。

案例

★ 以印度为例,企业所得税采用超额累进税制,最高税率可达 34.6%。而相对于那些间接税体系普遍简单的发达国家来说,印度的间接税体系相当复杂,包括增值税、中央销售税、服务税、过境税、关税、消费税等[1]。此外,印度的税务体系割裂性强,各邦政府甚至经常因为自身财政需要而调整税率,不少外资企业都因印度税负过重而与当地政府发生纠纷。如2014年诺基亚被迫关闭位于印度金奈的工厂[2],就是因为当地的税务部门因为"涉嫌逃税"行为对诺基亚开出 5.4 亿美元的巨额罚单[3]。而这并不是个案,包括沃达丰、吉百利、IBM、壳牌等多家知名企业均在印度发生了税务纠纷。

在税收优惠方面,需要民营企业在立项时尽早掌握投资目标国家的相关优惠政策,例如印度、柬埔寨、缅甸等很多国家都有对设备进口环节的税收优惠。企业也须了解利润汇回国内后是否有税收抵免、饶让等政策。此外,目标国家与中国的双边税收协定签署情况也值得关注:目前"一带一路"相关国家中,有 54 个国家已和中国签订了避免双重征税协定,提供包括股息、利息、特许权使用费等的优惠[4]。一旦企业遭到税收歧视且无法利用目标国家

---

[1] 普华永道:《中国企业海外工程项目的税务考量和规划》,第 5 页。
[2] "那些年,败走印度的跨国公司们",http://finance.chinaso.com/detail/20150906/1000200032725261441509914766363884_1.html。
[3] "诺基亚印度工厂涉嫌逃税 5.4 亿美元",http://epaper.stcn.com/paper/zqsb/html/2013-01/09/content_434411.htm。
[4] 相关税收协定信息可在国家税务总局的税务政策一栏里查询,见 http://www.chinatax.gov.cn/n810341/n810770/index.html。

法律解决税收问题，可回国申请启动双边协商机制，双边协商是国际税收协定里的条款，能帮助企业解决争议，避免重复征税。

此外，不少"一带一路"国家的外汇管制措施也给企业的外汇管理带来困难。对此，企业应充分了解相关规定，并经常性地从当地政府官网、中国驻外经济商务参赞处、中国出口信用保险公司等渠道获取动态信息。同时，企业要提前对目标国家货币的汇率变化做出风险对冲安排，以防止该国为维持汇率稳定而突然调整外汇政策。对于风险应对能力不足的民营企业，建议尽量选择外汇管制风险较低的国家，以防遭受重大损失。企业应注意国际资本的跨地域调配，在全球范围内优化资本配置。

此外，一些合理的避险操作能帮助民营企业降低外汇管制风险，如提高转移定价，通过降低子公司利润实现利润调出，但企业应避免在操作中触碰当地法律红线。企业也可以尝试通过购买中国出口信用保险公司或世界银行下属保险机构的政治风险保险来减轻由目标国外汇管制带来的损失，其中中国出口信用保险公司的政治风险保险最高额度为投资金额的90%[①]。

（三）加强法律风险防范，减轻企业损失

除了做好财务管理外，企业也要注重防范法律风险，"一带一路"沿线多为发展中国家，法律制度相对并不完善，这很可能给企业经营带来困扰。尤其是近年来中国企业海外投资发生的各类纷争不断，包括合同纠纷、知识产权纠纷、劳资纠纷以及其他非商业性纠纷等，很多企业因为缺乏对当地法律法规的了解，诉诸司法维权的信心或能力不足，最终遭受严重损失。

案例

★ 曾有一家民营企业在乌兹别克斯坦与当地企业合作兴建砖厂，而在乌检察院工作的乌方合伙人的弟弟常以"软禁"威胁中国工人，并骗取企业

---

① 张璐晶："中国企业'走出去'迎来第二个历史节点 融资难，法律风险，如何破解？"，《中国经济周刊》，2014年12月1日。

税款。中方人员一直隐忍退让，甚至让出15%的股份。虽然此案件中，乌地方法院最终判中方胜诉，但乌方人员仍派人打伤了中方人员，造成了极其恶劣的影响。

★ 平安集团在收购欧洲富通集团时，被比利时、荷兰以及卢森堡三国政府以救市为名，强行"国有化征收"，未经股东会同意就对富通进行拆分。平安集团此后却没有进行合理的维权，没有通过中国与相关国家签署的双边投资保护协定而向政府要求"国有化征收"的补偿①。

企业"走出去"一定要熟悉当地的法律法规，做好深入研究，尤其对于"走出去"经验不足的民营企业来说，更应该重视法律人才队伍的培养，应聘请律师团队参与项目谈判、合同修改与签订、纠纷维权等相关事宜。为应对不同国家环境，可以采用中外律所合作的方式，如先聘请中国律所做法律顾问，后在目标国家聘请有丰富海外投资资源的律所，共同完成商务谈判、文本编写以及协议、合约的签署②。尤其是那些投资于政治环境差、法律服务行业不发达地区的民营企业，更应在中国选好合作律所，以便获得稳定的法律支持，从而有效帮助企业维护自身权益。

在合同和协议的修订中，要明确双方权利、义务，反复审查条款，以防发生不必要的纠纷。建议企业掌握合同的起草权，因为此后的修改和谈判都会基于第一版合同，所以对起草权的掌握可以有效帮助民营企业掌握主动权，积极维护利益，若在对方提供的合同版本上进行修改，则会使企业和律师花费更多精力来审阅条款。在条款设置问题上，除了各项商务条款外，陈述保证条款也十分重要，需要尽可能地用文字描述目标企业或项目的情况，若对方不能保证，则要在《披露函》中披露。陈述保证条款可以作为未来企业的

---

① 杨丽艳等：《FTA投资机制新发展与中国企业境外投资》，广西师范大学出版社，2016，第409页。
② "'一带一路'建设中的律师选聘策略"，http://www.zhonglun.com/Content/ 2016/10-11/1530424730.html。

索赔证据之一。此外，双方发生争议和纠纷时，会有很多企业选择仲裁来解决问题，建议选择对中国企业公平有利的涉外仲裁机构，如香港国际仲裁中心、中国国际经济贸易仲裁委员会①。

民营企业应熟悉政府审批的有关流程和要求，控制好时间节点，避免陷入被动。对于企业境外投资并购项目，中国政府会对项目投资是否涉及国有资产、敏感国家和地区、敏感行业等情况进行审查。虽然境内审批逐渐放宽，但仍应注意要留出足够时间②。在境外审批上，如果涉及上市公司，则需要当地金融监管机构的审核，做出信息披露。若涉及敏感行业，则可能需要国家安全审查等。在反垄断审查方面，由于各个国家的反垄断审查复杂度和时长不同，很可能给企业造成一定程度的不确定性，相关民企应尽早准备申报，了解审批制度，并聘请专业人员参与。

总之，为降低法律风险，民营企业应了解当地法律环境，开展对目标企业或项目的深入访谈，做好相关部门的境内外审批备案工作，重视合同和协议的签订，规范管理法律文件资料，以备产生法律纷争时维护正当权益。

（四）塑造形象，加强交流，承担社会责任，维护好公共关系

公共关系一直是民营企业拓展海外业务的"软肋"。很多企业尤其是民营企业并不擅长公关运作和塑造企业形象，与当地政府、企业、民众沟通不够顺畅，这往往导致企业项目谈判困难、进入市场受阻。维护好公共关系能够帮助民营企业获得当地公众的信任和支持，减少因信息缺失带来的风险，降低纷争发生概率等。

在对外宣传上，民营企业应做好形象管理。面对不同国家不同环境，要在各类宣传口径上保持一致，通过信息管理统一化塑造企业声誉。民企需要扩大企业品牌宣传力度，尤其是对于一些大型民企，一定要和国外主流媒体建立联

---

① 商务部：《中国对外投资合作发展报告（2016）》，http://fec.mofcom.gov.cn/article/tzhzcj/tzhz/upload/zgdwtzhzfzbg2016.pdf。

② 同上。

系，在这一点曾有不少中国企业吃过亏。如 2010 年鄂尔多斯鸿钧在投资柬埔寨万谷湖项目时，就曾被一些西方媒体抹黑。该项目原为柬埔寨苏卡库公司与政府签订租赁开发合同以改造万谷湖区，但因为土地产权、居民拆迁赔偿问题等引发当地居民多次抗议活动。事实上，鄂尔多斯鸿钧只进行了投资，并没有涉及拆迁工作，而美国之音等西方媒体却以"柬埔寨人抗议中国公司拆迁"为题不分青红皂白地加以炒作[①]。企业对媒体关系的处理应采取积极态度，有些企业不擅长媒体关系处理，在媒体咨询商业动向时采取冷漠态度，导致媒体掌握了话语权。而对没有能力与各类主流媒体建立联系的中小企业来说，加入行业协会、积极参加展会等方法也有助于这些民营企业推广自身的品牌。

随着中国民企越来越多地走出国门、进行全球化经营，跨国的社会责任问题也变得越来越突出。值得注意的是，中国企业普遍认为自身在东道国已充分履行了企业社会责任；但海外学者、管理专家、企业家及律师、咨询师等中介服务机构人员则表示，中国企业不太注重自身形象，在履行企业社会责任上存在较大的提升空间。

部分"走出去"的企业，为赚取更多利润，在环保问题、超时工作、偷税漏税等方面对自身要求不高，导致常遭投资所在国政府、民众诟病，对企业、对中国的形象造成较为恶劣的影响。

积极履行社会责任是企业对外宣传的手段之一，也是民营企业"走出去"的"柔性成本"。民营企业需要建立社会责任管理机制，将社会责任与企业日常的生产经营有效融合，开展如慈善、环境保护、当地劳工培训等活动，可以有效帮助企业获得当地政府和民众的认可，增加企业竞争力。企业也要严格遵守国际安全环保相关标准，尽可能降低经营活动中对劳工健康、安全及对环境的危害。

案例

★ 江苏红豆集团在牵头建设柬埔寨"西哈努克港经济特区"过程中，把企

[①] 中国民营经济国际合作商会编《中国民营企业国际合作蓝皮书（2014~2015）》，人民出版社，2016，第 193 页。

业发展与履行社会责任结合起来，在当地修建学校，并年年捐资助学帮困。企业还在当地政府支持下开办了特区培训中心，当地1.4万人次接受了培训，不少人经过培训升任业务骨干。经红豆集团促成，2009年无锡市与西哈努克市结为友好城市。

公共关系具有双向性，民营企业除了单方面的对外宣传，还应该与当地政府、企业、民众之间建立双向交流机制。因为除了品牌推广外，吸取反馈信息以调整自身也是民营企业必须做好的功课。企业要了解当地的文化环境，尤其是商业规则，不能只是资本和技术"走出去"，更应是企业经营者和公关团队"走进去"，应同目标国家政府、企业等建立信任关系。在突发问题的解决上，企业应建立危机管理机制，积极维护公共关系，做好危机预警、完善应急处理、优化危机善后。

此外，拥有国际化经营网络的民企尤其应将维护公共关系提升至公司战略层面。应注重公关人才的培养，可以与第三方机构合作，也可以加入包括国际组织、智库、律师事务所等设立的全球企业服务网络，这能帮助企业更快速地融入不同投资目标国家的社会环境之中。以公关能力知名的华为最初也曾如很多刚走出国门的民企一样，在最开始的海外发展策略上，过分重视业务增长而忽视了公共关系，甚至一度被指控与中国军方有关联，这使华为的海外业务拓展受到严重阻碍。此后，华为引入专业公关公司协助公共关系维护，并聘请欧盟委员会创新和科学内阁成员大卫·哈蒙为全球政府关系及公共事务副总裁，帮助企业确立了以六大议题为主线的商业环境建设框架等，使华为在公共关系的维护上有了质的提升①。

（五）提高自身竞争力，制定清晰的海外发展战略

公共关系维护是企业"软实力"的一部分，而勤练"内功"、提高产品

---

① 陈黎芳："华为公关如何从被误解走向全球化？"，《华为人》。

质量、研发先进技术等则是企业海外拓展的"硬件"。

民营企业要树立走出国门参与国际竞争与合作的信心，逐步提升全球或区域战略规划能力及国际化水平，找准自身在全球价值链中的定位；借助中国驻外使领馆、金融机构、中介服务和智库等，深入研究相关国家资源禀赋及投资环境，制定有针对性的、务实可行的投资策略；加强境外投资风险防控，重视投资前的尽职调查，做好项目前期论证、风险评估、成本核算、风险规避和安全应急预案。

民营企业要抓住国内供给侧结构性改革带来的机遇，脚踏实地地实现资源整合，不断提升产品和服务质量。企业应根据产品生命周期合理规划投资目标，在产品成长期，通过收购并购当地的生产资源，降低生产成本，扩展产业链；在产品成熟期，通过设立海外生产基地，在相关国家实现产业转移和产能合作，同时加大对上下游企业的收购力度，扩大盈利空间。与此同时，企业应通过"外引内联"，加强技术开发，提升研发能力，掌握核心技术和核心产品，不断推出适合当地市场需求、具有较强竞争力的产品和服务。另外，企业应在东道国加强自身的品牌建设，结合东道国的市场特点，挖掘自身的品牌优势，加大品牌宣介力度，逐步提高品牌的知名度和认可度。

案例

★ TCL 集团依托"一带一路"建设，在巩固欧美市场的同时，拓展新兴市场。2017 年，TCL 在巴基斯坦建设制造基地，同时也在印度筹建业务机构。同年 2 月，TCL 通讯与世界第四大移动运营商、印度的 Reliance Jio 进行了深度合作。受益于"一带一路"激发的新的市场增长点，2016 年，TCL 电视产品全球销量突破 2000 万台，位居全球前三。

民营企业应拥有核心技术和自主知识产权，并通过创新与产品差异化拓展新的市场，才能更好地在海外长久运营。这不仅是竞争力的保障，还能让民营企业履行社会责任，帮助提高当地民众的生活水平，为目标国家创造经济和社会效益,为企业树立良好形象。

在公司管理方面,要制定清晰的海外发展战略,明确相应的流程和制度。需要采用先进的管理体系,如建立动态数据库,利用大数据、云计算高效协调各方资源,并聘请咨询、法律、财务、公关等第三方团队做好相关各类工作,有效降低运营风险。同时要注重保护商业秘密,包括技术机密和经营机密,建立完善的商业机密保护制度,加强保密教育,落实保密责任。

民营企业要针对相关国家的特殊情况,学习发达国家企业在东道国的经营理念、管理模式及先进制度,以国际化规则重塑自身公司治理机制。民营企业要高度重视合法合规经营及履行社会责任的重要性,建立健全合规、环保、劳工等领域的管理制度,切勿将国内经营的陋习、不正当竞争手段带到国外。

在人力资源方面,民营企业应做好国际化高端人才的储备工作,通过股权、薪酬、晋升、员工关爱等激励手段提高员工归属感和对企业的认同感,为吸引核心人才,企业应建立薪资考核体系,制定合理薪酬制度并与当地接轨,培养和选派一批通晓东道国语言和文化、业务能力较强的国内人才。企业同时应加大经营管理的本土化力度,加强企业文化建设,推动不同国籍和背景的员工之间的交流和融合,提升本地管理人员对企业的认同感和归属感。

在环境保护方面,民营企业应建立严格的环境保护制度来降低项目拓展中对环境的不利影响。这不仅是指清洁能源技术、污染物减排等,还包括了人与自然和谐相处,如保护当地野生动植物,防止破坏生态平衡,而这些往往被不少企业所忽略。民营企业应推行绿色经营,这不仅能让企业提高谈判竞争力,还能帮助其维护好公共关系,避免为持续经营带来阻碍。

此外,企业要防控环境风险,特别是在一些大型项目中,要建立环境安全管理体系,设立评价系统,加强全过程控制。要重视投资经营之外的非经济因素,注重同当地民众的沟通,充分尊重社会各界意见,努力推动文化交融和人心相通。

（六）开展协作"抱团出海"，积极建立国际产业价值链

除了提升产品质量、加强公司管理、保护环境外，民营企业也可以通过协作的方式"抱团出海"，建立全球供应链和价值链。

在"走出去"的过程中，民企在海外经营中的优势是灵活，但"船小好掉头"的另一面则是抗击风险的能力较弱。因此，涉及产业链的"抱团出海"是民企在沿着"一带一路"出海时采用的比较稳妥的方式，有利于民营企业充分发挥自身优势，利用自有品牌、自主知识产权和自主营销渠道，进行全球采购、生产、销售，积极建立国际产业价值链。

根据统计，单独进行海外投资的企业，其存活率往往不到四成，而集群式"出海"的企业存活率可以达到六成以上[①]。尤其是民营企业相对于有多年海外拓展经验的国企来说，往往规模小、经验少、影响力不足。利用各方的协调配合，通过自贸区与海外工业园等，可以提高民企"走出去"的成功率。

一方面，民营企业可以借用商业、行业协会与海外园区的力量，通过一些行业组织的海外服务网络与协会企业开展合作交流，能在一定程度上避免与同类型企业恶性竞争，并找到更好的发展渠道。而一些海外产业园、自贸园区等往往享有一定的政策优惠，且企业可以在园区里享受便捷服务，包括"一站式"行政服务、与当地政府和企业的交流机会、园区培训等。民营企业通过这样的"抱团出海"可以有效降低因自身规模小、经验少而带来的经营风险。

海外园区能够为企业抱团"走出去"创造有利条件，降低企业运营成本。大量企业"走出去"的同时，面临着对当地政策、环境的不熟悉，"单兵作战"往往会加大其在当地的运营成本，海外园区相当于一个"海外基地"，统一运作、统一管理，能够为企业提供强有力的后援支持，降低企业的协调和

---

① 胡志军：《中国民营企业海外直接投资》，对外经济贸易大学出版社，2015，第69页。

沟通成本，帮助到海外发展的企业抱团打天下。

海外园区是需求资源配置的基地，资金、技术、劳动能够有机地结合起来，产业聚合效应可以提高劳动生产率，最终提高当地的经济发展水平。另外，海外园区一个非常重要的特点就是不同国家的园区属性不同，建议根据当地的资源禀赋确定发展领域。

案例

★ 泰国湾畔的罗勇府是泰国重要的工业基地，2006 年在那里建立了泰中罗勇工业园。罗勇工业园由中国华立集团与泰国安美德集团在泰国东部海岸合作开发，主要面向中国投资者，总体规划面积 12 平方公里。

罗勇工业园以新能源、新技术、新材料为招商取向，短短的五六年间，其凭借优越的地理位置、完善的基础设施、优惠的税收政策以及一站式的服务，吸引了包括汽配、机械、电子等在内的 40 多家中资企业入驻，形成了集群效应，成为中国企业，尤其是中小企业海外抱团发展的商业平台。

另一方面，民营企业应加强与国有企业的合作，以增加产业机遇，降低发展阻力，提高经营稳定性。民营企业可以携手国有企业共同开发海外市场，也可以加入以国有企业为主导的企业集群或战略联盟，如浙江华立仪表集团就与中石油联手在东南亚打造全球最大木薯生产商和供应商[1]。此外，在项目开发和建设上，可以利用国有企业的资金与政策优势，并结合民营企业灵活、受政治影响小的特点，实现共赢。例如，中亚地区几年前遭遇寒流，油气资源增产需求一度非常迫切。而国企制度烦琐、协调过程长，难以及时更改企业策略，曾有国企因此利用民企为其生产提供支持[2]。另外，也可以在民营企业的合作体系中引入国有企业，如以民企身份海外运营的工业园可以引国有

---

[1] 上海新沪联合会、零点研究咨询集团编著《2016 中国民营企业发展指数》，上海社会科学出版社，2016，第 71 页。

[2] 闫笑炜："民营油企的中亚并购潮"，《能源》2015 年第 8 期。

企业进园。这能够提高园区受当地政府的重视程度，在政府谈判和企业谈判中拥有更多话语权，有助于降低整个园区的政策风险和融资风险（详见个案研究四）。

中国企业在海外重塑供应链正在改变贸易格局。渣打银行一项研究显示，身为全球供应链最大源头的中国，将催生出一批新的制造业发展机会。印度和东盟，甚至孟加拉国和非洲等地将从中获益。中国企业围绕"一带一路"倡议展开的行动，也将推动全球供应链扩张至一些新的地区。这种转变将提升"一带一路"相关国家在制造业和服务业的全球供应链中的地位，提升这些国家的出口实力。

全球制造业格局的变动，并不意味着以中国为主导的全球供应链会衰落。事实上，以中国为"枢纽"的产业链互联互通的程度将迅速提升；以中国为"头雁"的产业转移正在发生，经济发展的"新雁阵"有望形成，总部位于中国的全球供应链和价值链可能会继续蓬勃发展。

二 统筹协调，发挥合力，推动民营企业在"一带一路"沿线更好地开展投资合作

在"一带一路"建设中，要做到经贸先行，充分发挥对外投资合作的带动作用，既要靠政府，也要靠企业，实现两个引擎同步驱动。

首先，政府需要加强宏观谋划、统筹协调、政策引导、风险提示和资金支持，推进构建以市场为基础、以企业为主体的对外经济合作机制，加大对有关项目的投入，吸引更多主体在"一带一路"相关国家开展投资合作。

其次，企业尤其是民营企业应发挥主体作用，遵循市场规律，发挥中国与相关各国的比较优势，按照商业原则开展对外投资合作。同时，民营企业要树立正确义利观，服从大局，在政府的统一规划和指导下推进有关合作。

最后，在"一带一路"经贸合作中形成政府、市场、社会的有机结合，实现政府主导、企业参与、民间促进的对"一带一路"相关国家投资的立体格局。

（一）政府要加强统筹协调和体制机制建设，提升管理能力和服务水平

1. 加强国家层面组织体系的统筹协调和顶层设计

各政府部门和地方政府要充分理解、正确把握国家推进"一带一路"建设的战略意图，找准定位，有机统筹两个市场、两种资源，把中央的战略规划同部门工作、地方发展有效结合；根据国内外形势的变化，布局重点地区市场，注重一国一策，同重点国家对接经济和产业规划，实现早期收获，打造示范样板；根据推进国际产能和装备制造合作的要求，确定对外投资重点产业，推动各类型企业"抱团出海"，加快境外经贸合作园区建设；做好相关重大规划、重大项目的设计与论证工作，加强各部门的沟通协调，及时出台相关政策和指导意见；积极引导地方政府参与"一带一路"建设，合理定位有关省份的职能与责任，充分发挥各地优势，加强分工合作。

2. 加强对外投资体制机制建设

结合"一带一路"建设的实际需求，尽快出台境外投资基础性法规，制定和完善相关配套规章制度，逐步构建涵盖核准、监管、保险、金融、税收、争端解决等各个方面的境外投资法律体系；改革对外投资管理体制，实行统一开放的管理政策，根据"一带一路"建设要求整合各部门职能，加快政府机构改革和职能转移，推进形成统一协调的综合平台、高效便捷的工作体系、公开透明的流程规范；坚持把推进对外投资便利化同防范对外投资风险结合起来，加强对境外企业投资行为的信息采集工作，充分运用法律、市场和信用等手段，加强对"走出去"企业的监测，强化事中事后监管，引导企业自我约束、合法合规经营。

3. 加大对境外投资企业的服务保护

针对民营企业的特点，加强规范引导，完善公共信息服务，提供有效的政策支持；加快推动国内中介机构面向"一带一路"国家"走出去"，加强国际中介机构合作，提升中介机构为民营企业对外投资提供法律、会计、审计、

评级等方面配套服务的能力；发挥商会协会组织、协调、自律、服务等方面作用，支持有条件的行业组织在境外设立分支或办事机构；结合"一带一路"相关国家国别特点，加强对企业的安全保护，整合各部门资源，建立跨部门海外风险防控组织系统，完善"走出去"风险预警体系，推进风险处置体系建设，开发针对"一带一路"相关国家特点的投资保险产品；加强部门联动，充实驻外使领馆力量，维护中国企业的海外利益，完善海外领事保护，营造有利于中国企业投资的外部投资环境。

（二）推动"一带一路"与他国发展战略对接，为企业创造良好环境

"一带一路"倡议提出以来，已经同俄罗斯提出的欧亚经济联盟、东盟互联互通总体规划等多个国家的发展战略实现了对接（见图4-1），同亚太经合组织互联互通蓝图、联合国2030年可持续发展议程等多边倡议高度契合。此外，中国还同60多个国家（地区）签署了"一带一路"合作协议。"十三五"时期，中国将与相关国家共同推进中蒙俄、新亚欧大陆桥、中国—中亚—西亚、中国—中南半岛、中巴和孟中印缅六大经济走廊建设。

图 4-1　部分可与"一带一路"倡议对接的发展战略

资料来源：作者整理。

中国还同相关国家不断强化现有的双边合作机制，服务"一带一路"建设的重点领域。中国同沿线所有国家都建立了经贸联委会机制，并成立了中白（俄罗斯）工业园政府间协调委员会、中巴经济走廊联委会等服务"一带一路"重大合作项目的双边机制。中国—东盟博览会、中国—亚欧博览会、中国—南亚博览会等大型展会的桥梁纽带作用不断增强。

案例

★ 俄罗斯正在推进自己的一体化项目："欧亚经济联盟"。俄罗斯、白俄罗斯和哈萨克斯坦三国 2014 年 5 月在哈萨克斯坦首都阿斯塔纳签署欧亚经济联盟条约，条约从 2015 年 1 月 1 日起生效。该联盟成立后，独联体框架内形成了拥有 1.7 亿人口的最大共同市场。俄罗斯希望通过这个集团将俄白哈三国经济一体化提升到新高度，加强彼此经济实力，与欧盟、美国和中国展开竞争。

根据条约，三国实现商品、服务、资本和劳动力自由流动，并将在能源、工业、农业、运输等关键领域采取协调一致政策。欧亚经济联盟顺利启动，成为独联体内最有成效的一体化组织，而且这一组织还在扩大，2015 年 1 月，亚美尼亚正式加入欧亚经济联盟，同年 8 月，吉尔吉斯斯坦加入欧亚经济联盟，成为该组织第 5 个成员。

（三）构建多元化融资体系，支持民营企业在相关国家开展投资合作

"一带一路"建设对资金有庞大的需求，但同时也面临巨大的资金缺口。据亚洲开发银行预测，亚洲发展中国家 2016 年到 2030 年基础设施建设需投资 26 万亿美元，即平均每年 1.7 万亿美元，而包括中国在内的各国政府、多边金融机构和商业融资所能提供的资金总量不足上述 1/4。由于沿线相关国家大多风险较高，同时民营企业受杠杆率相对较高、担保渠道单一、信用额度有限等因素影响，融资难、融资贵成为制约其在"一带一路"相关国家开展

对外投资合作的瓶颈之一。

部分民营企业甚至只能依靠自有资金维持运营，这使企业丧失了很多发展机会，并为持续稳定经营带来隐患。民营企业应该根据自身发展情况，积极拓展融资渠道，如债务融资、股权融资和混合融资等，并与中介机构合作，有效管控企业财务并及时获取相关融资信息。

1. 充分发挥政府资金的带动作用

进一步加大对相关国家的援助力度，运用援外资金帮助相关国家制定经济发展或重大投资项目的规划，增强中国企业投资的目的性，带动中国标准、技术等"走出去"；鼓励扎根东道国的中国民营企业承担实施援外项目，尤其是农业、医疗等民生项目，提升企业形象。

民营企业应积极关注近期各级政府出台的政策，如2016年工信部联合中国银行制定的《促进中小企业国际化发展五年行动计划（2016~2020年）》[①]，又如广东省商务厅与中国进出口银行合作，提供了专供出口型中小企业的政策性专项资金支持。

鼓励亚投行、金砖银行以及丝路基金、中国东盟投资合作基金等向民营企业提供融资。发挥政府性资金的带动作用，吸引更多的多边金融机构、国际资本和社会资金，为民营企业承揽的对外投资项目融资。

2. 加大产融合作力度

加大金融机构"走出去"力度，鼓励更多有条件的金融机构先行一步，做好"一带一路"相关国家的金融服务布局，增加在相关国家设立的分支机构数量，提升境外投资民营企业的融资便利性，为中国"走出去"企业提供更好的支持与服务，同时也有利于防范和化解海外投资风险。

引导国内有条件的券商在"一带一路"沿线重点国家设立分支机构，完善国际化布局，打造"投行国家队"，做好相关国家企业、市场、客户之间的

---

① "工业和信息化部关于印发《促进中小企业国际化发展五年行动计划（2016~2020年）》的通知"，http://www.miit.gov.cn/n1146295/n1652858/n1652930/n3757016/c5180691/content.html。

"穿针引线"工作。鼓励具备条件的会计师事务所、律师事务所、资产评估机构、资信评级机构制定相应发展战略，更好地服务"一带一路"建设和中国企业"走出去"。

集中民间分散资本，鼓励民营企业组建联合投资机构（如中民投、浙民投），制定相应的政策扶持和政府监管制度，允许并支持它们参与"一带一路"相关重大基础设施投资及海外并购。鼓励民营企业"抱团出海"，以集群方式在海外开展联合投资或产业园区建设，并从银行授信、抵押担保、融资成本上给予一定优惠。

在维护中国金融安全的基础上，放宽金融机构境外发债规模，完善内保外贷、外保内贷、海外直贷等方面政策，为民营企业拓宽融资渠道。提高民营企业直接融资比重，允许有条件的民营企业在国内证券市场公开发行用于在"一带一路"相关国家投资的债券，支持民营企业在海外上市或发行企业债券。

大型民企可以选择通过境外融资筹集资金，这将在一定程度上减轻企业受当地外汇管控的影响。企业应注重与投行和评级机构的合作，可以利用境外证券市场，采取发股、发债等方式进行直接融资，也可以与多家银行合作，采取如银团贷款、俱乐部贷款等方式进行间接融资，这些均能有效降低融资成本和风险。

经验不足的中小企业往往因为没有信用记录而难以在海外金融机构获得融资，建议可以通过资产质押提升信用评级，以便银行就目标信用提供贷款，也可以通过与其他企业合作以降低成本。此外，可以利用政治风险保险降低因动乱、政府违约、外汇管制等带来的损失。

3. 通过创新开拓多元化融资渠道

结合人民币国际化进程，加大同有关国家在货币互换、发行人民币计价债券、人民币投融资等领域的机制建设和合作力度，扩大人民币的国际投融资功能，鼓励民营企业使用人民币资金开展对外投资，降低民营企业的融资成本和汇兑风险。

创新债券品种，积极推动企业发行"一带一路"项目债，启动"一带一路"相关国家试点在国内证券交易所发行人民币债券。

发挥上海、广东等自贸试验区"先行先试"的作用，尝试推动资本项目下境外投资便利化，在自贸区设立针对区内企业的进出口银行、保险公司、海外投资等金融机构，先行建立离岸企业应收账款登记平台，推出更多有针对性的海外投资保险产品，为自贸区企业境外投资提供贷款和贷款担保。

第五部分　商旅不绝途：个案研究

个案研究一：海外长期发展谨记互利共赢——专访碧桂园

访谈对象：碧桂园集团海外事业部副总经理王继赢

大型民营房地产企业碧桂园成立于1992年，近年来积极响应"一带一路"倡议，拓展足迹遍及多个国家。至今海外已有6个项目落地，其中4个位于马来西亚、1个位于澳大利亚、1个位于印度尼西亚。同时，碧桂园正积极开拓印度、泰国、越南、英国等市场。

国观智库：为什么碧桂园在"走出去"的过程中会选择东南亚作为"出海"的突破口？

王继赢：2012年碧桂园率先迈出国门，选择将马来西亚柔佛州新山市作为海外第一个战略发展地。目前碧桂园在马来西亚、印度尼西亚共有5个项目落地。将这两个国家作为"出海"的突破口，有着政治、经济、人口等多方面的考量。

首先，在这里落地项目有国家政策支持。中国政府积极推动"一带一路"倡议，加强与相关国家的沟通磋商，推动与相关国家的务实合作，实施了一系列有利于企业"走出去"的政策措施，有助于企业将"一带一路"沿线的马来西亚、印度尼西亚作为"出海"的突破口。

其次，这一地区的经济发展潜力大，近年来投资环境改善，现已成为世界经济增长的热点地区。其中马来西亚、印度尼西亚两国经济相对稳定，发展潜力大，而且人口基数大，人口结构相对年轻，市场规模大。近年来，马来西亚、印度尼西亚大力发展基础设施建设，人均GDP增长迅速，吸引了大量海外投资流入。

最后，在于文化相近。马来西亚、印度尼西亚以黄种人为主，是世界上华人和华侨最集中的地区之一，其文化与中国具有相似性。

国观智库："一带一路"的初衷之一是要推进国际产能合作，碧桂园在海外的项目也做出了"国际产能产业合作新城"的定位。碧桂园在带动相关上下游企业一起"抱团出海"方面进展如何？

王继赢：以森林城市为例，项目的发展愿景是打造一座经济、人文、生态及可持续发展的"国际产能产业合作新城"。

森林城市本着"产城融合"与"城市创新"的核心理念，力求达成"伊斯干达和新加坡经济一体化的纽带""泛亚太经贸一体化的东南亚基地""全球未来绿色智慧城市的典范"三个目标，最终实现项目的可持续发展。在这三个发展目标下，碧桂园规划引入外企驻地、旅游胜地、教育名城、创新天堂、国际会展、养生乐园、电商基地、金融特区八大产业。

2016年12月，碧桂园在马来西亚森林城市同36家战略合作伙伴签订合作备忘录，涵盖的行业包括工业制造、金融、教育、绿色能源、医疗以及智慧城市。森林城市"国际产能产业合作新城"的定位日渐凸显。

2017年是森林城市的"产业年"，森林城市将逐步引入机器人制造、工业设计和物联网三大产业，完善并深化教育和医疗行业的产业业态，争取早日实现城级信息协同以及"绿色智慧"城市愿景。

各地展厅升级改造后，将成为森林城市全面产业招商的一个重要入口，吸引更多优质产业落地发展，加快完善配套设施，真正实现项目的可持续发展。

总之，碧桂园希望充分利用自身在国内积累的先进经验，带动中国企业

"走出去"，推动国际产能合作落地。

国观智库：碧桂园在马来西亚的 4 个项目历时 5 年多，其中有哪些经验总结？教训又有哪些？

王继赢：在海外拓展业务，最重要的是了解当地市场的需求。虽然碧桂园在国内历练多年，但是假如当地市场无法消化供应，必然会造成供应过剩。的确，公司有实力创造自己的市场，但若想吸引当地买家，一定要考虑当地人的需要。尤其是碧桂园大部分项目在新山一带，当地十大房地产商也在新山有许多庞大的项目，公司必然面对激烈的竞争。公司的口碑一定能够吸引中国买家，但相对地，当地十大房地产商也享有在马来西亚国内的口碑与客户熟悉感。所以，公司要在马来西亚从当地十大房地产商手中争夺市场份额，就一定要在以下七个方面下功夫：价格区间合理，打造贴近当地消费水平的住宅项目，打开当地销售渠道，做好前期调研，突破市场瓶颈；完善周边设施，增加项目周边配套，丰富商业业态，提升客户信心；提供客户的买房资金与借贷便利，与银行联动加快客户按揭，给客户提供合理的按揭额度；高入住率，做好前期调研，精确市场定位；严格管控成本，实施限额设计及管控目标负责部门的正负激励方案；提升品质，在不断优化设计图纸的同时，落实工程整体质量；打造一流物业体系，引入高品质物业管理团队，提升居住品质。

国观智库：中国的房地产企业都是在国内积累了大量的资金和经验后才开始开拓海外市场的，开发海外项目和开发国内项目的不同有哪些？

王继赢：碧桂园在新型城市的开发与运营上有着丰富的经验，年销售额超过 400 亿美元，2016 年位列"福布斯全球上市公司 500 强"。

碧桂园在产品品质、综合设施配套、物业管理、园林绿化、成本控制、开发速度等方面具有领先优势，加之长期积累的产业、商业资源，这些可在一定程度上借鉴到开拓海外市场中来。

在开拓海外市场方面，碧桂园联合包括中国企业在内的国际顶尖企业，并携手目标市场的政府及企业，导入当地急需的产业资源，打造产业合作平台，推动该地城市发展、产业升级，创造就业，助力经济腾飞。

与国内市场不同，开发海外市场也面临诸多困难与风险，比如政治风险、法律风险、汇率风险等，此外还需应对博弈挑战。作为"走出去"的中国企业，在业务层面与所在国政府谈判时，还存在地位不对等的问题。

"走出去"机遇与风险并存，碧桂园将一如既往地紧跟中央政策和精神，在中国政府的指导和支持下，积极践行"一带一路"互信互利的精神，学习优秀经验，为"走出去"的民营企业提供一个"抱团出海"、集群式"走出去"的海外运营管理服务平台，打造民营企业走向东盟乃至世界的"桥头堡"，实现互利共赢。

国观智库：当地民众对中国企业的态度会不会影响到海外经营？

王继赢：对中国企业投资马来西亚，有两方面的反应。一部分人非常欢迎中企，希望中企能够帮助当地发展经济，创造就业机会，提高生活质量等。这一部分当地人不太在意企业国别，只要能够刺激本地经济产生一定的回报，他们便会给予支持和配合。另一部分人非常抗拒中企，认为中企入资马来西亚会扰乱当地市场，成为当地企业的竞争对手，产生负面连带效应甚至造成当地房地产市场饱和过剩、房价下滑。这一部分意见不仅来自企业，也来自小商家、渔民、农民以及普通市民等。重要的是这些群体会通过政治与媒体平台，输出他们对中企的不满，间接影响中企在马来西亚的运营与发展，比如由此受到相关政府机构的检查。这股力量不容小觑，一旦运用了社交媒体等，会绝对影响当地大众对中企的印象。

其实，无论任何群体，只要感到利益受到了威胁，其自然反应便是设立防御机制。中企需要了解当地群体的担忧并正面面对。

国观智库：按照这几年积累的经验，企业应当如何与当地社区打交道？

王继赢：从政治角度看，必须与双方同时对话（政府和反对党），交谈对话中不能过于偏向一方，最起码需要显示中企对外保持中立的立场。

从当地企业或商界角度看，必须与他们配合并进行商业或生意上的来往。健康的竞争是利大于弊的，但垄断市场或破坏本地规则是万万不能进行的。

中企一定要让当地商界了解到其是因为马来西亚的经济潜力才进行的投资，也会长久地留在马来西亚发展，并不是赚了钱就套现离开。

从社会群体看，中企需要确保他们的利益不会受到忽视。比如项目发展若需购买他人的土地，就得对原住民或渔民做出相应的赔偿，而不是利用政治力量施压。如果中企在马来西亚的项目有回报，可以多发挥企业社会责任或参与慈善活动。

从国家与政府的角度看，中企一定要对国家经济发展、就业机会、税收、技术转让等做出一定的贡献。投资与回报固然重要，中企要对当地政府的政策和经济目标保持敏感。如马来西亚想超越新加坡成为东盟最大的经济体，中企就需要在此方向做出一定的贡献。

此外，由于马来西亚是多元民族国家，中企一定要包容与尊敬所有民族的文化特质。比如每个周五，公司要允许穆斯林到清真寺参拜。华商、华社热衷于华教慈善，中企可以做出一定的贡献以表诚意。在企业聘请员工的人力政策方面，需要有多元民族化的考量。

最后，森林城市由碧桂园及马来西亚当地合作方柔佛人民集团合资开发。虽然不是100%的中企，但仍然被当地视为中企。所以，如果想长期在马来西亚发展，一定要谨记互利共赢的宗旨。

个案研究二：道路运输发展符合中国产业升级需求——专访国际道路运输联盟（IRU）

访谈对象：国际道路运输联盟（IRU）东亚及东南亚代表处首席代表曲鹏程

国际道路运输联盟（International Road Transport Union，IRU）成立于1948年，是目前国际道路运输行业最重要的非政府组织，其总部设在瑞士日内瓦。IRU会员遍布全球，IRU不仅通过获得联合国、欧盟、WTO、世界银行等国际组织授权而与其建立战略合作伙伴关系开展工作，而且重点依靠其分布在各国的国家级道路运输协会会员及相关机构为道路运输行业服务，在国际社会享有非常高的威望和影响力。

国观智库：在推动"一带一路"互通互联中，IRU这样的国际组织能做些什么？

曲鹏程：IRU作为国际道路运输行业的代言人，一直在全球范围内推动国际道路行业政策的完善，并积极参与行业国际标准的制定，能在"一带一路"的"政策沟通"和"设施联通"中充分发挥作用，帮助中国更多地了解国际道路运输领域的现有联合国公约，并对接国际道路运输体系，从而为中国更多地参与国际规则的制定打下坚实基础。

IRU是联合国《国际公路运输公约》（TIR）的创设机构和执行机构，同时参与了联合国《危险品运输公约》（ADR）及其他与统一国际道路运输标准相关的国际公约及文件的起草工作。TIR作为促进全球运输和贸易便利化的有效工具以及互联互通中的"软性基础设施"，能积极促进"一带一路"倡议中的"贸易畅通"。这将帮助中国及"一带一路"相关国家在国际道路运输、多式联运等领域降低最高约80%的运输时间和30%的运输成本，同时可以推动中国与相关国家通关便利化合作，建立开放有序、现代高效的国际道路运输系统、优化贸易渠道。

在目前"一带一路"沿线主要的65个国家和地区中，已经有42个国家（地区）是TIR的缔约国和使用国。中国于2016年成为TIR公约缔约国。目前IRU正在与中国海关紧密合作，争取使TIR系统在中国尽快得到实施。

IRU及其会员一直积极致力于与中国共享促进道路运输行业的国际先进经验，IRU通过遍布全球的会员及网络可以搭建中国与"一带一路"相关国家在国际道路运输行业的沟通平台，促进"民心相通"。

国观智库：IRU负责国际便利运输单证的发行与管理，努力创造统一的标准。然而"一带一路"相关国家之间差别很大，IRU如何处理这种统一与多样性之间的关系？

曲鹏程：我们非常理解"一带一路"相关国家在经济文化等方面的差异，也正因为这些差异，才更需要相关各国积极加入如联合国公约等已经被实践证明行之有效的标准体系中，并通过参与这些公约，积极反映诉求，使公约更能反映和满足相关国家的需求。

IRU 自成立以来一直参与行业国际标准的制定，随着中国加入 TIR 公约并表达了积极发展国际道路运输的决心和意愿，IRU 非常愿意助力中国对接国际道路运输体系。TIR 证是在几十个国家进行跨境货物运输时使用的统一过境文件，过去 60 多年的实践证明，这一标准可以被不同发展水平的国家广泛接受。

国观智库：沿着"一带一路""走出去"的民营企业如何能从互通互联的工作中获益？

曲鹏程：目前从事国际道路运输行业的中国民营企业遇到众多的困难和挑战，包括运营企业规模小，强势企业少，"单兵作战"没有形成合力等；缺乏反映行业诉求的渠道，难以推动政策的发展；信息不对称，对国际规则和国外市场不了解，在与国外企业的竞争中没有优势；语言文化的隔阂、签证和支付方式等的不便利。

在国际运输市场的竞争中，不少民营企业受到不公平的政策对待，进一步削弱了其竞争力。在中国新疆及内蒙古国的国际运输市场中，外国企业占据了约 75% 的市场份额，中国企业只占有 25% 的市场份额。

此外，一些国家不真正执行与中国签署的双边道路运输协定，限制中国运输车辆将货物运抵其中心市场，要求中国运输车辆在边境附近将货物换装成本国车辆，此做法降低了中国企业承揽货物的能力。

"一带一路"计划通过双边和多边协定，能够最大限度地帮助从事国际道路运输行业的中国民营企业通过互通互联项目改善经营环境，提高企业竞争力。

此外，利用 TIR 系统可显著提高中国与"一带一路"相关国家的过境通关效率，促进陆路贸易增长。在通关方面，使用 TIR 证进行通关，可有效降低 30%~80% 的海关通关时间，根据国别不同，通关时间至少减少 1 天，最多可减少6天，从而提高通关效率，有效降低民营企业的货运成本，更有助于企业拓展跨境货物运输与贸易市场。

国观智库：在"一带一路"的基础设施建设中，铁路和港口经常被提及，道路交通相对说得较少。道路交通在互通互联中扮演什么样的角色？对于"走出去"的企业来说，道路交通能为其提供哪些便利？

曲鹏程：相对于传统的铁路运输与海运，目前国际道路运输对于"一带一路"的价值被严重低估。

首先，公路运输是铁路和港口运输的有效补充，能够"门到门"，更灵活；公路也是交通行业的"毛细血管"，能走到铁路无法到达的地方。此外，中国周边国家的铁路基础设施并不完善，而公路网多数已经建成，货运车辆可以更方便地连接中国与这些国家的产品生产市场和销售市场，推动贸易。

国际道路运输的发展符合目前中国产业升级的需求：中国目前正在积极推动产业升级，制造更多的高附加值产品，如电子产品、机电产品、大型装备等。这些产品对时效性要求更高，且能接受更高成本的运输。道路运输比海运在时间上更有优势，比铁路运输更灵活。根据中国交通运输协会的数据，沿着"一带一路"，将一个标准集装箱从中国连云港运到荷兰鹿特丹，在恰当的制度保证下，以货运卡车通过欧亚大陆进行运输，距离可比海运缩短9000多公里，时间预计缩短近一个月，其运费虽然高于海运和铁路运输，但与航空运输相比又可以节约近一半费用。通过公铁联运在"一带一路"沿线，完全可以覆盖更多的区域，通达更多的线路节点，提供更便利的"门到门"服务，带动沿线更多的地区繁荣和发展。

中国与14个国家陆地接壤，是世界上陆地接壤国最多的国家，而当前其国际道路运输行业的发展水平与中国的大国地位和地理条件不符，中国的国际道路运输行业有巨大的潜力有待发挥。

随着中国"一带一路"建设速度的加快，与丝绸之路经济带相关国家的合作更加紧密，国际道路运输的发展对"一带一路"的意义凸显，各国对道路运输发展的潜力也更为重视。我们看到，在"一带一路"峰会期间，中国政府与乌兹别克斯坦、土耳其和白俄罗斯政府分别签署国际运输及战略对接协定，正在将国际道路运输合作从邻国推广到更多"一带一路"沿线国家。

个案研究三：中国民企进非洲需厘清多样性——专访标银投资

访谈对象：标银投资咨询（北京）有限公司董事总经理樊兵

标准银行集团是非洲以资产计算最大的银行集团，拥有150多年的历史。该银行立足全球新兴市场，关注新兴市场最具关联性并最有价值的重点行业，包括电力与基础设施、矿业与金属、石油与天然气、电信与媒体和金融领域，其业务遍及中国、美国、巴西、日本等29个国家（地区）。

国观智库：作为非洲最大的金融机构，标银对非洲市场有深入的了解。在"一带一路"框架下，非洲对中国民营企业是否意味着机会？

樊兵：从"一带一路"的角度考虑，对中国的民营企业来说，非洲绝对是一个非常重要的战略市场。尽管目前非洲市场还无法与欧美市场相比，但是它的增长是很可观的，最重要的是不会像欧美国家时不时对中国企业发起反推销调查和限制。

非洲现在有11亿人口，2050年这一数据要增加到25亿，这个人口红利是巨大的。非洲人口的平均年龄非常年轻，未来将会出现大量劳动力人口。另外到2050年，非洲将会出现8亿农村人口城镇化的过程，这对非洲也是一个利好因素。我们可以看到，未来的非洲可能会出现大量人口聚集的大型城市群，这些城市群的规模，甚至会跟北京不相上下，而这个大市场上和中国企业形成竞争的企业却很少。

对于中国民营企业来说，非洲目前有三大定位。第一个定位是消费市场。非洲未来是中国消费品出口的大市场，尽管现在购买力稍弱、人均GDP也不高，但是市场的发展趋势很好。第二个定位是原材料来源地。非洲拥有全球

53种重要的矿产资源，特别是目前非洲对矿业的出口还没有实行与其他国家类似的保护政策。第三个定位，非洲同时是中国出口过剩产能的市场。出口过剩产能不是一个坏事，中国之前也吸纳西方的过剩产能，因为对当时的中国来说那仍然属于先进的产能。

国观智库：民营企业在投资非洲过程中，和进入世界其他地区相比，有什么特别需要注意之处吗？

樊兵：非洲劳动力成本低，土地成本也低，但非洲的基础设施一直是短板。中国的民营企业来到这个地方，首先遇到的就是"三通一平"（水通、电通、路通和场地平整）的问题。因为非洲不像中国，建厂到处都有水和电。要建设产业园区，除了把厂房规划出来，水电是大问题。然后是交通问题，路需要修好，这样的话才能吸引中国中小企业过去。目前在尼日利亚、赞比亚、埃塞俄比亚等好几个国家都在建企业园区，这有利于中国民营企业"走出去"。

需要招商引资的政府往往会处理好基础设施的问题，而配套的供应链则是民营企业自己要解决的问题。有些企业去之前没有想到供应链问题，认为大企业去了，小的可以自然而然地跟着来，但产业链是非洲的一个难题。我有一个朋友在非洲做了很多年生意，目前一年向非洲出口价值3000万美金的服装但却迟迟不在当地建厂，就是因为缺乏产业链的配套。

国观智库：很多民营企业在"一带一路"框架下"走出去"，会遇到融资困难的问题。大家觉得金融"走出去"和企业"走出去"是相互促进的过程。但现在的企业在国内贷款都很难，在海外投资风险又大，融资更难。从金融机构的角度，如何看待这个问题？

樊兵：融资是民营企业面临的大问题。对商业银行来说，利润是第一位的，没有不以盈利为目的的银行。企业都应该追求利益，但是追求利益的过程当中如何做到分享共赢，这是值得深思的。

当商业利益不足以驱动商业行为，或由于风险原因没有市场参与者，这就需要整合各方力量去推动市场成熟。不过在非洲，我没有特别感受到有任何明确的目标可以推动政府实施特别的行动，也没有多少项目是企业与政府一起做的。现在的一些商业项目其实在"一带一路"之前就在推进，因此更重要的是利润导向。从我的业务层面来说这是事实。

不过目前民营企业也确实越来越多地走入非洲金融机构的视野。对民营企业，我们在两年前就转变了思路，国有企业以前是我们的业务主体，现在民营企业在业务中所占的比重越来越大。2015年，我们组织了几十家民营企业家去南非、肯尼亚、埃塞俄比亚做市场调研和分析，后来也做成了几个项目。

以前中国企业不太喜欢从海外借钱，有几个原因：第一是保函问题；第二是尽管可以内保外贷，把借款成本降低一些，也是最容易的方式，但固定风险很大，尤其是在当地货币贬值的情况下更是如此。

国观智库：很多民营企业对非洲只有一个总体概念，对非洲的多样性认识不足。标银在非洲不同国家都有业务，作为一个了解市场多样化的机构，有什么经验可以帮助到中国民营企业呢？

樊兵：第一个层面，非洲从地理来说是一块大陆，实际上可以分成三块不同的区域。撒哈拉以南是一块，是以英联邦为体系的，讲英文；西非是第二块，有一些讲英文的国家，包括加纳，但主要是法语区，包括喀麦隆、塞内加尔、科特迪瓦、乍得等；第三块是阿拉伯非洲，像埃及、摩洛哥、突尼斯。三块地区的历史渊源、相互关系、制度体系和文化习俗都完全不一样，所以去这三个地方经商要采取完全不同的策略。

第二个层面，要知道非洲的四只"领头羊"。目前非洲GDP规模最大和人口最多的国家是尼日利亚。从消费品市场看，尼日利亚是潜力最大的。在中国民企进入非洲的过程中，尼日利亚是好的选择。第二只"领头羊"是南非，那里的制度最完善，企业想稳妥地进入非洲，可以先进入南非，然后从南非向外辐射。第三只"领头羊"是埃及，从整个地区的影响力衡量，埃及是北非最强的。东非的"领头羊"则是肯尼亚，从政治的稳定性和法律框架的完备性看，肯尼亚是辐射东非市场的重点。

上述说的是衡量经济实力和区域影响力，第三个层面要研究企业具体从事的行业。从资源开发的角度来看，刚果（金）、赞比亚拥有矿业资源，尼日利亚、安哥拉、利比亚拥有石油资源。要关注消费市场，如果重点指标是总的人口数据乘以购买力的话，那么主要国家是南非、尼日利亚、埃塞俄比亚；如果从转移产能的角度来说，既要人口多，也要有一定的基础设施，我们最看好的国家则是埃塞俄比亚和加纳。加纳社会非常稳定，劳动力水平很高，辐射周边很多国家；埃塞俄比亚人口多，但是很封闭，但也正因此，生产要素才会便宜，才会有很多机会。

国观智库：对中国民营企业的投资和经营方面有什么建议呢？

樊兵：以前赴非洲投资的企业大量是国企，但现在据统计，在中国赴非洲的直接投资当中，有55%的资金来自于民营企业，所以民营企业现在也注意到了非洲这片沃土的机会，很多民营企业在肯尼亚、安哥拉、南非等都有非常成功的投资案例。

中国企业以前只是把商品简单地卖到非洲，现在则发生了很多变化。不少企业把自己的身份转化为长期的投资者，他们更加深入地参与对非洲的投资，包括制造业的转移，因为这些企业在国内面临成本上升和环保等压力。另外中兴通讯、华为等一些企业，已经率先在非洲大面积地铺开了他们的业务，包括把一些产品制造搬到当地市场，从而更好为当地市场服务。

我会给我们的企业客户这样一些建议和忠告，当看到风险的时候也要衡量潜在的收益，因为风险和收益是相辅相成的，可以在潜在的收入增长、市场份额增长以及较好的利润增长与风险之间做一个权衡。我们也建议客户进入任何一个新市场之前，要做好功课，包括寻找合作伙伴。因为在一个完全陌生的环境做生意很有挑战性，如果没有当地的合作伙伴的话，潜在的风险会很大。

当然，中国民营企业进入非洲特别有利的地方，在于中国过去30多年里经济增长非常迅速，制造业发展很快，这些经验刚好可以复制到非洲市场。就这方面而言，中国企业是最有经验的，他们清楚在经济快速腾飞的过程中会有哪些机遇。

个案研究四：国企与民企可形成互补——专访中冶国际

访谈对象：中冶国际工程集团常务副总经理谷玉祥

大型央企中冶是全球最大冶金工程承包商和冶金企业运营服务商。截至 2016 年底，中冶集团在"一带一路"沿线 20 多个国家有在建项目。重大项目包括越南台塑河静钢铁项目、科威特大学城项目、斯里兰卡外环高速公路项目、新加坡 T311 地铁项目、马来西亚马中关丹产业园 350 万吨钢铁项目等。

国观智库： 人们经常说"一带一路"建设，国企是主力军，而民企是生力军。作为一家有着丰富海外经验的国企，中冶国际对民企参与"一带一路"建设有什么意见和建议？

谷玉祥： 虽然目前在"一带一路"建设中打头阵的是国企、央企，但最后民企的作用不会小于国企和央企。首先是因为民企有灵活性，反应速度快，善于发现商业机会。其次，民企覆盖的产业范围广，而我们覆盖不到那么广，国企在投资、海外拓展等方面会受到一定限制。在有些领域，民企做得非常优秀。

我们也在海外和许多民企开展合作，比如在巴布亚新几内亚、印度尼西亚、哈萨克斯坦等国家。在巴布亚新几内亚有一家来自广西的民企在发展以农业、林业为主的产业园，之后还拓展到了工业产业园。我们与他们的合作是一个取长补短的过程，他们从农业发展到工业，而我们在工业领域经验多一些，可以给他们提供支持。我们最近也在和秦皇岛的一家民企合作，这个企业在印度尼西亚建设冶金工业园。在哈萨克斯坦，还有民企进军当地畜牧业，开展养殖、屠宰等，我们则去建设工业设施。

在一些国家，国企可以负责修铁路、搞基础设施建设，而民企"走出去"覆盖范围更广，比如可以做养殖场，把奶制品引进中国，既解决了国内优质原料来源问题，还能推动当地就业，而后者一般不是国企的优势。通过双方合作，中国企业"走出去"的框架就丰满了。所以我认为"一带一路"建设中民企在后期发挥的作用会非常大。

国观智库：海外团队管理是不少民企"走出去"中遇到的弱项，中冶国际怎么对海外队伍进行管理，比如如何保障安全问题？

谷玉祥：无论国企还是民企，在"走出去"的过程中，海外团队的安全管理都是一个挑战性的课题。我们会在不同的国家采取不同的管理方式。对于安全环境好的国家，只要营造一个好的社区氛围，安全问题就基本得到保障。但在有些治安较差的国家，就要采取特殊措施。比如在巴布亚新几内亚的瑞木镍钴项目建设和开发中，我们始终很重视在那里的安全问题。从一开始就筹建安全（治安）管理体系。我们与该国警察总署签署有关安保问题的协议，要求当地政府采取措施保障项目人员、财产安全。政府派出警察到营地，保障最基本的安全。同时，完善安保设施，比如在营地周围建立围墙，建立封闭的环境，无关人员不得入内；辅以其他安保手段，如聘用保安公司，关键岗位都有保安人员站岗；也要求员工有组织性、纪律性，有安全意识，我们的员工平时都在办公区、住宿区，上下班统一行动，出去的时候要打招呼。当然，最重要的是要营造一个好的社区环境，获得社区老百姓支持，安全问题就解决了一半。瑞木项目秉承"同一个瑞木，同一个社区"，坚持与社区互动，履行社会公民责任，获得社区支持，取得了非常好的效果。

相比之下有些企业投资的项目地处偏远，规模小，安保工作难度较大，难以自成体系。一旦出现问题，对经营管理工作会造成很大冲击。所以建议企业"抱团出海"，比如进驻产业园以保障安全，由产业园进行统一安保。

国观智库：在"走出去"的过程中，一方面国企和民企能够相互配合，但从另一方面来讲，国企和民企之间会不会存在竞争？

谷玉祥：其实我们和民企的竞争并不激烈，相比之下我们和其他同质的国企竞争更为激烈。一般来说，我们和民企更多的是取长补短。比如在钢厂建设方面，民企会选择小规模的项目，技术成熟可靠，价格有竞争力。这不是我们的长项。我们擅长的是大型项目，民企在这方面与我们竞争不大。所以大多数情况下我们与民企开展产业合作，或者我们做项目，民企来分包，我们负责专业性强的工作，例如轧机安装，民企可以负责土建等非关键的工序。在有些领域，比如说农业项目，民企则更有优势。

民企有民企擅长的地方，我们也有我们的擅长之处，双方擅长领域各不相同，所以可以彼此互补，都不可或缺。

结　　语

民营企业是"一带一路"建设的生力军。但就像一支能打胜仗的队伍，除了素质过硬和作风优良外，保障有力也是必不可少的条件。

"一带一路"为民企"走出去"开创了良好的"作战环境"，能推动民营企业的对外投资合作迈上新台阶。不过在政策保障之外，民企在操作层面上"粮草不足"的情况依然存在，"走出去"过程中仍要应对诸多难点和痛点。

民企的融资能力有限，在国内尚且如此，在海外的障碍更大。"一带一路"离不开国际发展融资的配套，但对外投资的过程中，民企与官方金融机构如何有效对接、形成集团效用的问题尚没有得到解决。

2016年底国家缩紧外汇流出，更增加了一些民企海外经营的难度。不能及时拿到资金，使得一些好的项目难以实现，也让一些已经在推进中的项目陷入困境。比如万达和碧桂园等企业都受到了影响。当最有活力的民企在经营中遇到困难时，无疑会对推进"一带一路"的深耕带来负面影响。

同时要给"生力军"配备好"粮草辎重"也是知易行难，这需要企业自身、行业组织、政府部门等多方协作，并打破目前多方利益博弈、信息不透明、各自为政等困局。

解决了"后勤保障"问题，民企才能将更多的火力投入到前线的开拓中。毕竟"一带一路"建设是长期性的国际合作系统工程，而民营企业仍只是跨国经济活动中的"新军"，时刻要面对诸多风险和挑战。许多相关国家政治形势复杂且政局不稳,给民营企业海外投资合作带来一定障碍,而不少地区的国际恐怖主义、宗教极端主义、民族分裂势力以及跨国组织犯罪活动等也给民营企业在海外的稳定经营带来重大阻碍。此外,法律法规缺位、经济体制不完善以及独特的社会风俗等也给民营企业"走出去"带来困难。

除了上述诸多外部挑战外,民营企业还需要应对多重内部风险。民营企业国内的经营模式往往很难在东道国复制,而其自身在战略制定、资金管理、人员配置、技术创新等方面的短板却极易在"走出去"中放大,最终影响企业经营效果。

面对"一带一路"建设中的多重挑战,民营企业应做好风险应对,要在坚持正确义利观的同时实现自身发展,完成转型升级。民营企业应根据自身特点制定清晰的海外拓展战略,做好可行性研究与尽职调查,注重财务管理,防范法律风险,并适应当地文化环境。"打铁还需自身硬",民营企业尤其要注重制度创新、技术创新、营销创新和文化创新,通过拥有核心技术和自主知识产权提升竞争力,帮助自身顺利进入市场、适应市场和拓展市场。

企业应重视维护公共关系,做好形象管理和危机管理,与当地政府、企业和民众之间建立双向交流机制,并积极履行社会责任,开展慈善、环境保护、劳工培训等活动。此外,对于许多力量薄弱的民营企业来说,"抱团出海"能有效降低海外投资风险,减少"水土不服"症状。借助商业协会、行业协会与海外园区"走出去",可帮助企业充分发挥自身优势,降低企业间恶性竞争,并建立高效的国际产业价值链。

欲赏风光无限,须迎飞云之险。民营企业是未来"一带一路"建设的重要力量,将在海外投资合作中走得更深、更远、更长久,秉持共商、共建、共享原则,为各国输送商品和资本,带去理念和技术。

在商言商,民企参与"一带一路"建设主观上是受到自身利润诉求的驱动,而客观上其海外商业活动也能夯实"一带一路"的基础。政府应帮助企业塑造良好的内部和外部环境,发挥政府与市场的合力作用,对内加强统筹协调和体制机制建设，提升管理能力和服务水平，对外推进构建以市场为基础、以企业为主体的经济合作机制，推动"一带一路"与他国发展战略对接，最终实现政府主导、企业参与、民间促进的立体格局。民营企业的海外拓展将促进"中国梦"与"世界梦"的相互连通，通过发扬丝路精神，推动构建人类命运共同体的新历史。

图书在版编目(CIP)数据

生力军的进击：中国民企在"一带一路"建设中的地位和作用 / 任力波主编. -- 北京：社会科学文献出版社, 2017.9
（"国观智库·中国企业走出去"系列丛书）
ISBN 978-7-5201-1188-1

Ⅰ.①生… Ⅱ.①任… Ⅲ.①民营企业-企业发展-研究-中国 Ⅳ.①F279.245

中国版本图书馆CIP数据核字（2017）第191451号

"国观智库·中国企业走出去"系列丛书
生力军的进击：中国民企在"一带一路"建设中的地位和作用

主　　编 /	任力波
出 版 人 /	谢寿光
项目统筹 /	王婧怡
责任编辑 /	王婧怡
出　　版 /	社会科学文献出版社·经济与管理分社（010）59367226 地址：北京市北三环中路甲29号院华龙大厦　邮编：100029 网址：www.ssap.com.cn
发　　行 /	市场营销中心（010）59367081　59367018
印　　装 /	三河市尚艺印装有限公司
规　　格 /	开　本：787mm×1092mm　1/16 印　张：7.75　字　数：110千字
版　　次 /	2017年9月第1版　2017年9月第1次印刷
书　　号 /	ISBN 978-7-5201-1188-1
定　　价 /	45.00元

本书如有印装质量问题，请与读者服务中心（010-59367028）联系

▲ 版权所有 翻印必究